國家古籍整理出版專項經費資助項目

新編新注十三經

孫子新注

張文儒 撰

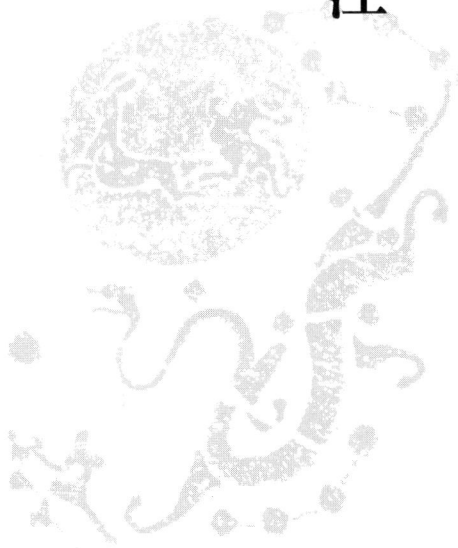

中華書局

圖書在版編目（CIP）數據

孫子新注/張文儒撰. —北京：中華書局,2018.8
（新編新注十三經/袁行霈主編）
ISBN 978-7-101-13252-6

Ⅰ.孫… Ⅱ.張… Ⅲ.①兵法－中國－春秋時代②《孫子兵法》-注釋 Ⅳ.E892.25

中國版本圖書館 CIP 數據核字（2018）第 109984 號

書　　名	孫子新注
撰　　者	張文儒
叢 書 名	新編新注十三經
叢書主編	袁行霈
責任編輯	朱立峰
出版發行	中華書局
	（北京市豐臺區太平橋西里 38 號　100073）
	http://www.zhbc.com.cn
	E-mail：zhbc@zhbc.com.cn
印　　刷	北京瑞古冠中印刷廠
版　　次	2018 年 8 月北京第 1 版
	2018 年 8 月北京第 1 次印刷
規　　格	開本/880×1230 毫米　1/32
	印張 6　插頁 2　字數 154 千字
印　　數	1-6000 冊
國際書號	ISBN 978-7-101-13252-6
定　　價	20.00 元

新編新注十三經芻議

袁行霈

一

今傳十三經有一個漫長的形成過程，其間經過多次變動。兹將十三經的形成過程作一簡要的論述。

孔子有"六藝"之説，指《詩》、《書》、《禮》、《樂》、《易》、《春秋》[1]；湖北荆門郭店楚墓出土竹簡《六德》，講到《詩》、《書》、《禮》、《樂》、《易》、《春秋》[2]，並未總稱爲"六經"。到西漢有"五經"之説，陸賈《新語·道基》："禮義不行，綱紀不立，後世衰廢，於是後聖乃定五經，明六藝，承天統地，窮事察微，原情立本，以緒人倫。"[3]漢武帝

---

[1] 《史記·滑稽列傳》："孔子曰：'六藝於治一也。《禮》以節人，《樂》以發和，《書》以道事，《詩》以達意，《易》以神化，《春秋》以義。'"（《史記》，北京：中華書局1982年版，第3197頁）至於《莊子·天運篇》："孔子謂老聃曰：'丘治《詩》、《書》、《禮》、《樂》、《易》、《春秋》六經，自以爲久矣，孰知其故矣；以奸者七十二君，論先王之道而明周、召之跡，一君無所鉤用。甚矣夫！人之難説也，道之難明邪？'老子曰：'幸矣子之不遇治世之君也！夫六經，先王之陳跡也，豈其所以跡哉！……"（郭慶藩《莊子集釋》，北京：中華書局1961年版，第531—532頁）其中講到了"六經"，但此篇屬於《莊子》之外篇，其時代難以確定，僅録以備考。

[2] 《郭店楚墓竹簡·六德》："觀諸《詩》、《書》則亦才矣，觀諸《禮》、《樂》則亦才矣，觀諸《易》、《春秋》則亦才矣。"（北京：文物出版社1998年版，第188頁）

[3] 王利器《新語校注》，北京：中華書局1986年版，第18頁。

時正式將"五經"立於學官，《漢書·武帝紀》："（建元）五年（前 136）春……置五經博士。"[1]五經的排列順序通常是《詩》、《書》、《禮》、《易》、《春秋》或《易》、《書》、《詩》、《禮》、《春秋》[2]。東漢又有"七經"之說，見《後漢書·張純傳》："乃案七經讖、明堂圖……欲具奏之。"章懷太子注："七經謂《詩》、《書》、《禮》、《樂》、《易》、《春秋》及《論語》也。"[3]

　　唐太宗貞觀七年（633）頒《新定五經》，是經學史上的一件大事[4]。此後，太宗又詔孔穎達等撰修《五經正義》，書成，因太學博士

---

[1]　《漢書》，北京：中華書局 1962 年版，第 159 頁。又《漢書·百官公卿表上》："武帝建元五年初置五經博士，宣帝黃龍元年稍增員十二人。"（《漢書》，第 726 頁）《漢書·儒林傳》贊："自武帝立五經博士，開弟子員，設科射策，勸以官祿，訖於元始，百有餘年，傳業者寖盛，支葉蕃滋，一經說至百餘萬言，大師衆至千餘人，蓋祿利之路然也。"（第 3620 頁）

[2]　《莊子·天下》篇："《詩》以道志，《書》以道事，《禮》以道行，《樂》以道和，《易》以道陰陽，《春秋》以道名分。"（郭慶藩《莊子集釋》，第 1067 頁）或疑此六句爲注文，誤入正文。《史記·儒林列傳》在"及今上即位，趙綰、王臧之屬明儒學，而上亦鄉之，於是招方正賢良文學之士"這段話後所列五經也是這個順序（《史記》，第 3118 頁）。而《漢書·藝文志》所列順序則是《易》、《書》、《詩》、《禮》、《春秋》。《白虎通·五經》曰："《五經》何謂？《易》、《尚書》、《詩》、《禮》、《春秋》也。"（陳立《白虎通疏證》，北京：中華書局 1994 年版，第 448 頁）《史記·司馬相如列傳》載相如《封禪文》云："軒轅之前，遐哉邈乎，其詳不可得聞也。五三六經載籍之傳，維見可觀也。"司馬貞《索隱》："胡廣云：'五，五帝也。三，三王也……。'案：六經，《詩》、《書》、《禮》、《樂》、《易》、《春秋》也。"（《史記》，第 3064—3065 頁）周予同《群經概論》云："六經的次第，今文學派主張（1）《詩》，（2）《書》，（3）《禮》，（4）《樂》，（5）《易》，（6）《春秋》。而古文學派主張（1）《易》，（2）《書》，（3）《詩》，（4）《禮》，（5）《樂》，（6）《春秋》。"（見《周予同經學史論著選集》，上海：上海人民出版社 1996 年版，第 211 頁）《樂經》不存，故實際只有五經。

[3]　《後漢書·張純傳》，北京：中華書局 1965 年版，第 1196 頁。又，東漢熹平石經，或云五經，或云六經，或云七經，文獻記載不同。王國維《魏石經考一》云"當爲《易》、《書》、《詩》、《禮》（《儀禮》）、《春秋》一經，並《公羊》、《論語》二傳"，見《王國維遺書》二，上海：上海書店 1983 年版，第 376—377 頁。

[4]　《舊唐書·太宗本紀》，北京：中華書局 1975 年版，第 43 頁。又，《舊唐書·顏師古傳》："太宗以經籍去聖久遠，文字訛謬，令師古於秘書省考定五經。師古多所釐正，既成，奏之。太宗復遣諸儒重加詳議，于時諸儒傳習已久，皆共非之。師古輒引晉宋已來古今本，隨言曉答，援據詳明，皆出其意表，諸儒莫不歎服。於是兼通直郎、散騎常侍，頒其所定之書於天下，令學者習焉。"（《舊唐書》，第 2594 頁）

馬嘉運駁之,詔更令詳定,功竟未就[1]。高宗永徽間又經考正,於永徽四年(653)始頒行[2]。此外,唐代還有"九經"之稱[3],"九經"包括《易》、《書》、《詩》、《周禮》、《儀禮》、《禮記》、《春秋左傳》、《春秋公羊傳》、《春秋穀梁傳》。文宗大和四年(830)鄭覃以經籍訛謬,請召宿儒奧學,校定六籍,勒石於太學,從之[4]。文宗大和七年(833)籌備,至開成二年(837)告成,用楷書刻《周易》、《尚書》、《毛詩》、《周禮》、《儀禮》、《禮記》、《左傳》、《公羊》、《穀梁》、《孝經》、《論語》、《爾雅》十二經於長安太學,並以唐張參《五經文字》、唐玄度《九經字樣》爲附麗,共650252字,這就是《開成石經》,今藏西安碑林。宋趙希弁《讀書附志》經類,列《石經周易》、《石經尚書》、《石經毛詩》、《石經周禮》、《石經儀禮》、《石經禮記》、《石經春秋》、《石經公羊》、《石經穀梁》、《石經論語》、《石經孝經》、《石經孟子》、《石經爾雅》,曰:"以上石室十三經,蓋孟昶時所鐫,故《周易》後書:'廣政十四年歲次辛亥五月二十日。'唯《三傳》至皇祐初方畢,故《公羊傳》後書:'大宋皇祐元年歲次己丑九月辛卯朔十五日乙巳工畢。'"《石經孟子》下著録:"右《孟子》十四卷。不題經注字數若干,亦不題所書人姓氏。"[5]另據宋曾宏父《石刻鋪叙》卷上所云:"《孟子》十二卷,宣和五年九月帥席貢暨運

---

[1] 《舊唐書·孔穎達傳》:"先是,與顔師古、司馬才章、王恭、王琰等諸儒受詔撰定《五經》義訓,凡一百八十卷,名曰《五經正義》。太宗下詔曰:'卿等博綜古今,義理該洽,考前儒之異說,符聖人之幽旨,實爲不朽。'付國子監施行,賜穎達物三百段。時又有太學博士馬嘉運駁穎達所撰《正義》,詔更令詳定,功竟未就。"(《舊唐書》,第2602—2603頁)

[2] 《舊唐書·高宗本紀》:"(永徽四年)三月壬子朔,頒孔穎達《五經正義》於天下,每年明經令依此考試。"(《舊唐書》,第71頁)

[3] 《舊唐書·儒學傳·谷那律傳》:"谷那律,魏州昌樂人也。貞觀中,累補國子博士。黃門侍郎褚遂良稱爲'九經庫'。"(《舊唐書》,第4952頁)

[4] 《舊唐書·鄭覃傳》:"覃長於經學,稽古守正,帝尤重之。覃從容奏曰:'經籍訛謬,博士相沿,難爲改正。請召宿儒奧學,校定六籍,準後漢故事,勒石於太學,永代作則,以正其闕。'從之。"(《舊唐書》,第4490頁)

[5] 以上兩條引文見宋晁公武撰、孫猛校證《郡齋讀書志校證》,上海:上海古籍出版社1990年版,第1086—1087頁。

判彭惕方入石,逾年乃成。"[1] 可知《孟子》列入十三經,應當是北宋。南宋高宗紹興十三年(1143)又刻石經,也增加了《孟子》。清康熙年間陝西巡撫賈漢復在開成十二經之外,又補刻《孟子》,統稱"唐十三經"。十三經的順序爲《易》、《書》、《詩》、《周禮》、《儀禮》、《禮記》、《春秋左傳》、《春秋公羊傳》、《春秋穀梁傳》、《論語》、《孝經》、《爾雅》、《孟子》[2]。

明代已有《十三經注疏》刻本。清乾隆四年(1739)有武英殿刻本《十三經注疏》;嘉慶二十一年(1816)南昌府學重刊宋本《十三經注疏》附阮元《校勘記》刻成。後者流傳廣泛,成爲學者使用最廣的本子。

粗略地回顧上述歷史,我們由此可以得出三點結論:

第一,後來儒家所謂的"經"起初並未賦予"經"的名稱和地位。大概戰國中後期有學者尊稱某些儒家典籍爲"經",如《荀子·勸學》謂學之數"始乎誦經,終乎讀禮"。(楊倞注:"經,謂《詩》《書》;禮,謂典禮之屬也。")[3] 漢初學者陸賈等人以亡秦爲殷鑒,進一步推尊儒家典籍爲經。漢武帝"罷黜百家,獨尊儒術",儒家思想取得了國家意識形態的地位,"五經"立於學官。自此之後,《易》、《書》、《詩》、《禮》、《春秋》這五部書才被正式尊稱爲"經"。此乃取其"恒常"之義,《白虎通·五經》所謂"經,常也"[4],《釋名》所謂"經者,徑也,常典也"[5],

---

[1] 然據宋晁公武《郡齋讀書志》"石經孟子十四卷"下所云:"右皇朝席旦(一作'益')宣和中知成都,刊石實于成都學宫,云僞蜀時刻六經于石,而獨無《孟子》,經爲未備。"《知不足齋叢書》本,中華書局影印本第4冊,第182頁。

[2] 乾隆《重刻十三經序》曰:"漢代以來儒者傳授,或言五經,或言七經。暨唐分三禮、三傳,則稱九經。已又益《孝經》、《論語》、《爾雅》,刻石國子學,宋儒復進《孟子》,前明因之,而'十三經'之名始立。"(《御製文》初集卷一一,《影印文淵閣四庫全書》第1301冊,臺北:商務印書館1986年版,第101頁)其所言未詳。以上所述,筆者除查閱《郡齋讀書志》及《讀書附志》外,又參考馬子雲、施安昌《碑帖鑒定》,桂林:廣西師範大學出版社1993年版,第358頁;孫欽善《中國古文獻學史》,北京:中華書局1994年版,第332—333頁;王錦民《古學經子》,北京:華夏出版社2008年版,第227頁。

[3] 王先謙《荀子集解》,北京:中華書局1988年版,第11頁。

[4] 陳立《白虎通疏證》,第447頁。

[5] 劉熙著、畢沅疏證《釋名疏證·釋典藝第二十》,廣雅書局叢書本。

代表了漢儒對於“經”的理解。後來劉勰《文心雕龍·論說》云“聖哲彝訓曰經,述經敘理曰論”,是很有代表性的看法[1]。正如張舜徽先生在《漢書藝文志通釋》中所云,“古之六藝,本無經名。孔子述古,但言‘《詩》曰’、‘《書》云’,而不稱‘詩經’、‘書經’;但言‘學《易》’,而未嘗稱‘易經’。下逮孟、荀,莫不如此。……況經者綱領之謂,原非尊稱。大抵古代綱領性文字,皆可名之爲經。故諸子百家之書,亦多自名爲經”[2]。我們對儒家所謂“經”不必過於拘泥。

第二,十三經是在很長的時間内逐漸確定的[3]。在漢代爲五經、七經,到唐代擴充爲九經。其他如《孝經》、《爾雅》、《論語》都是後來增加進去的。而且在宋朝,《春秋》、《儀禮》、《孝經》還都曾一度被剔除出經部[4]。《孟子》十一篇在《漢書·藝文志》和《隋書·經籍志》中都屬於子書,到了宋代才歸入經書,從目錄學的角度看來,所謂經書和子書的分類本來不很嚴格。既然如此,現在通行的十三經並不是不可調整的。

第三,漢武帝將五經立於學官,乃是將五經作爲學校的教科書。唐代實行科舉考試,則五經或九經又成爲科舉考試的標準用書。那時的朝廷是將經書作爲統一思想、治理國家、推行教化、選拔人才的依據。現在我們研究經書跟古代的出發點已有很大的區別,已不再需要那樣一套欽定的教科書或考試用書,而是將它們作爲中國傳統文化的源頭來研究,這是需要特別加以強調的。

---

[1] 范文瀾《文心雕龍注》,北京:人民文學出版社 1958 年版,第 326 頁。後來有“六經皆史”之説,見清章學誠《文史通義·内篇·易教上》,倉修良《文史通義新編新注》,杭州:浙江古籍出版社 2005 年版,第 1 頁。

[2] 《張舜徽集·漢書藝文志通釋》(與《廣校讎略》合刊),武漢:華中師範大學出版社 2004 年版,第 177 頁。

[3] 漢代以來五經、七經、九經、十二經、十三經的演變情況十分複雜,本文並非專論經學史,只就其大概而言。

[4] 《宋史·選舉志》:“(熙寧四年)於是改法,罷詩賦、帖經、墨義,士各占治《易》、《詩》、《書》、《周禮》、《禮記》一經,兼《論語》、《孟子》。”(北京:中華書局 1977 年版,第 3617 頁)

二

今傳十三經全部是儒家的典籍。形成這種狀況,是漢武帝"罷黜百家,表章六經"的結果[1]。借用劉勰《文心雕龍》前三篇的標題,可以說十三經以原道、徵聖、宗經爲主線,道、聖、經三者關係密切。我們不禁要問:難道只有儒家的典籍才能稱爲"經"嗎? 我們可不可以突破這種局限呢? 以筆者的愚見,當初編纂儒家的經典,自然以這十三部典籍爲宜。如果不限於儒家,而是着眼於整個中國文化的原典,那就不應局限於現在通行的十三經。在儒家之外,道家、墨家、兵家、法家也有很重要的地位,應該納入中國文化的經書範圍之内。隨着社會的進步和學術的發展,以弘揚中華民族優秀傳統文化爲宗旨,對現在通行的十三經中所收各書需要重新審視,加以去取。顯而易見,我們今天研究中國傳統文化不應當限於儒家,所謂"國學"並不等於"儒學",現在早已不是"罷黜百家,獨尊儒術"的時代了! 我們應當改變儒家獨尊的地位,更廣泛地吸取各家之精華,以更廣闊的視野繼承和弘揚中國優秀的傳統文化。而這正是《新編新注十三經》努力的方向。從西周到春秋、戰國的幾百年間,是中華文明極其燦爛的時代,其多姿多彩的精神成果不僅體現在儒家典籍之中,也體現在儒家之外諸子百家的典籍之中。我們研究中國傳統文化,要從多個源頭清理中華文明的來龍去脈,廣泛地吸取其中的精華。

基於以上的學術理念,我倡議對十三經重新編選和校注。計劃中的《新編新注十三經》收入以下十三種典籍:《周易》、《尚書》、《詩經》、《禮記》、《春秋左傳》、《論語》、《孟子》、《荀子》、《老子》、《莊子》、《墨子》、《孫子》、《韓非子》,保留原來十三經中的七種,替換六種。

---

[1] 《漢書·武帝紀》班固贊語,第212頁。

我們充分肯定傳統文化（包括儒家典籍）的重要價值，認爲上述十三種書具有長遠的意義，經過整理可以在今天充分發揮其作用。這是我們仍然沿襲"經"這個名稱的一個重要原因。又因爲"十三經"之稱如同《三字經》、《百家姓》、《千字文》、《唐詩三百首》，無論是學者還是一般讀者都已經習以爲常，而且中國本土文化中時代最早、可以稱之爲文化源頭而又流傳有緒的、帶有綱領性的重要典籍，恰好可以選擇十三種，仍然維持"十三經"的名稱是適宜的。

我們所謂的"經"，與傳統的"經"相比，含義有所同也有所不同。首先，稱"經"有以示尊崇之意，因此，新編十三經，也就是選擇那些在中國文化中具有重要地位的典籍，意在使讀者能够藉此把握中國文化的要旨。其次，"經"有"恒常"的意思，表明這些典籍不僅在歷史上具有重要的影響，而且其深刻、豐富的思想在今天也有值得弘揚之處，在未來仍將具有不可忽視的影響力。第三，我們所謂的"經"具有開放性和多元性，不再封閉於原來那十三種儒家典籍的範圍，這樣可以更全面地反映中華文化的豐富內涵。

接下來就將新增的六種經典作一簡單的論述。

屬於儒家的一種：《荀子》。

荀卿自稱爲儒，《漢書·藝文志》著録《孫卿子》三十三篇，歸屬於儒家，孫卿就是荀子。《韓非子·顯學》篇説孔子以後"儒分爲八"，其中"孫氏之儒"的"孫氏"就是指荀子[1]。但荀子的學説與孔子有所不同，他曾遊學齊國的稷下學宮，受到道家、法家、名家的影響。荀子主張"法後王"，又主張人性惡，並在《非十二子》中對子思、孟子等儒家學者進行了激烈的批判。《荀子》未能列入十三經，可能與他的這種思想傾向有關。其實，《荀子》中有不少值得注意的思想資源。其"王道"觀包含着豐富的內容，諸如"隆禮"、"賢能不待次而舉"、"平政愛民"等，都值得重視。其宇宙觀，主張"天行有常，不爲堯存，不爲桀亡。

---

[1]　參閲王先慎《韓非子集解》，北京：中華書局 1998 年版，第 456—457 頁。

應之以治則吉,應之以亂則凶","制天命而用之",也值得注意。其經濟思想,提出"富國裕民"之道,很有意義。其他如"解蔽"之說,"虛壹而靜"之說,以及其音樂理論、教育理論,也都值得進一步發掘整理。至於它對中國歷史文化的影響,譚嗣同《仁學》所謂"二千年來之學,荀學也"一語[1],值得注意。蘊含着如此豐富思想資源的《荀子》,列入《新編新注十三經》是適當的。

屬於道家的兩種:《老子》和《莊子》。

漢武帝"罷黜百家,獨尊儒術"之後,道家的地位雖然比不上儒家,但道家在中國傳統文化中的影響仍然足以跟儒家相提並論,儒道互補成爲中國傳統文化的一個重要特點。在古代已有稱之爲"經"者,特別值得注意的是《隋書·經籍志》著錄《老子道德經》二卷,周柱下史李耳撰,漢文帝時河上公注。作爲道家之創始,《老子》一書中包含的樸素辯證法,關於人與自然關係的認識等,對中國文化的各個方面,如哲學、政治、文學、藝術等都有深遠的難以估量的影響。如果没有《老子》,就没有魏晉以後流行的玄學和唐代以後流行的禪學,中國文化就將失去不少多姿多彩的方面。道家關於清靜無爲的説法,在戰亂之後社會需要休養生息之際,尤能顯示其在治國方面的重要意義。

郭店楚簡中發現了三種《老子》抄本,抄寫時間在公元前300年左右,雖然均不完整,但仍是目前所能見到的最古老的本子。湖南長沙馬王堆三號漢墓出土了兩種漢初的抄本,即帛書《老子》甲本和乙本,這是目前所能見到的較早的完整的本子。這些出土文獻,爲《老子》一書的校勘注釋和研究帶來了新的契機,已有許多新的研究成果問世。《新編新注十三經》收入《老子》,除原有的傳世《老子》版本外,可以利用楚簡本和帛書本及其研究成果,做出新的成績來。

《莊子》一書乃是莊周及其後學的著作。其内篇所闡述的"逍遥遊"代表着一種人生的理想,倡"無名"、"無功"、"無己",以求無待,無

---

[1] 蔡尚思、方行編《譚嗣同全集》(增訂本),北京:中華書局1981年版,第337頁。

待則可以得到精神的自由。其所主張的"齊物論"，有助於破除那種絕對、僵硬、呆板、滯塞的思維方式。作爲與儒家相對立的學説，《莊子》豐富多彩而又富於機辯，極具智慧之光芒，使中國文化帶上了靈動、活潑、通透的特點，具有充沛的想象力、創造力以及藝術感染力。在魏晉南北朝時期，莊子學復興，《莊子》與《老子》、《周易》並稱"三玄"，是名士們研習的經典。唐宋兩朝，《老子》、《莊子》還曾被尊爲"經"，並置博士員，立於學官[1]。而今《莊子》自然也應當和《老子》一併列入《新編新注十三經》之中。

　　屬於墨家的一種：《墨子》。

　　墨家的創始人是墨翟。墨家在當時影響很大，《孟子·滕文公下》云："楊朱、墨翟之言盈天下。天下之言不歸楊，則歸墨。"《孟子·盡心下》又説："逃墨必歸於楊，逃楊必歸於儒。"[2]孟子的話雖不免有點誇張，但從中仍然可以看出墨學在當時是一種顯學。《韓非子·顯學》就明確地説："世之顯學，儒、墨也。"[3]《莊子·天下》云："相里勤之弟子五侯之徒，南方之墨者苦獲、已齒、鄧陵子之屬，俱誦《墨經》，而倍譎不同，相謂別墨。"[4]《吕氏春秋·仲春紀·當染》稱："（孔子與墨子）此二士者，無爵位以顯人，無賞禄以利人，舉天下之顯榮者必稱此二士也。皆死久矣，從屬彌衆，弟子彌豐，充滿天下。王公大人從而顯之，有愛子弟者隨而學焉，無時乏絶。"[5]可見，在《吕氏春秋》成書之際，墨子仍然具有與孔子同等的地位。直到漢武帝罷黜百家之後，墨家才消沉下來，而且迄今尚未得到廣泛的重視。其實，《墨子》一書中有不少思想資源值得我們發掘，其尚

---

[1]　《舊唐書·禮儀志》："丙申詔……改《莊子》爲《南華真經》。……兩京崇玄學各置博士、助教，又置學生一百員。"（《舊唐書》，第926頁）《宋史》："丙戌，詔太學、辟雍各置《内經》、《道德經》、《莊子》、《列子》博士二員。"（《宋史》，第400頁）

[2]　朱熹《四書章句集注》，北京：中華書局1983年版，第272、第371頁。

[3]　王先慎《韓非子集解》，第456頁。

[4]　郭慶藩《莊子集釋》，第1079頁。

[5]　陳奇猷《吕氏春秋校釋》，上海：學林出版社1984年版，第96頁。

賢、兼愛、非攻、節用、非命等方面的思想，在今天仍然值得重視，而其在邏輯學方面的貢獻，在自然科學方面的論述，也很值得注意。《新編新注十三經》應當列入《墨子》。

屬於兵家的一種：《孫子》。

《史記·孫子吳起列傳》：“孫子武者，齊人也。以兵法見於吳王闔廬。闔廬曰：‘子之十三篇，吾盡觀之矣，可以小試勒兵乎？’對曰：‘可。’”[1]《漢書·藝文志·兵書略》於兵權謀家著録云“《吳孫子兵法》八十二篇。圖九卷”，顏師古注：“孫武也，臣於闔廬。”[2]中國古代典籍中兵家的著作是一大筆寶貴的遺產，而《孫子》是兵家中最重要的一部典籍。曹操《孫子序》指出其“審計重舉，明畫深圖”的特點[3]，這已不限於用兵。《孫子》不僅有豐富的軍事思想，也有深厚的戰略思維，對人才、行政和經濟管理，乃至外交，都有啓發借鑒的意義。1972年山東臨沂銀雀山西漢墓葬出土的竹簡本《孫子兵法》十三篇，帶動了《孫子》的研究，今天看來，完全有理由將之列入《新編新注十三經》之中。

屬於法家的一種：《韓非子》。

《漢書·藝文志》曰：“法家者流，蓋出於理官，信賞必罰，以輔禮制。《易》曰‘先王以明罰飭法’，此其所長也。”[4]在韓非子之前，法家的商鞅重法，申不害重術，慎到重勢。韓非子綜合法、術、勢，成爲法家的集大成者。《韓非子》一書也就成爲《新編新注十三經》的必選經典。

此外，佛教自漢哀帝元壽元年（前2年）傳入中國以來，經過魏晉南北朝這個戰亂時期，在社會上逐漸傳播開來，到唐代取得與儒、道兩家並立的地位。《新編新注十三經》是否選入佛經，成爲筆者反復考慮

［1］ 《史記》，第2161頁。

［2］ 《漢書》，第1756—1757頁。

［3］ 曹操等注《十一家注孫子校理》，北京：中華書局1999年版，第310頁。

［4］ 《漢書》，第1736頁。

的一個問題。考慮到新編乃着眼於那些中國本土文化中原生的、時代最早的、處於中國文化源頭的、在當時或後代具有廣泛深遠意義的典籍，而佛經是從印度翻譯過來的，唐代盛行的禪宗及其典籍雖然已經本土化，但時代晚了很多，因此佛經暫不入選爲宜。

三

《新編新注十三經》必須建立在學術研究的堅實基礎上，參考古代的各家之言，充分利用新出土的文獻資料，吸取最新的研究成果，使之成爲值得信賴的學術著作。我們的宗旨是爲讀者提供中華文化的元典，便於讀者從文獻的角度追溯中華文化的源頭，探尋中華文化的要義。編纂這套書是一項重要的文化建設和學術建設工作，對於弘揚中華民族優秀傳統文化意義重大，而且現在編纂時機已經成熟。我們的原則是取精用宏、守正出新。取精用宏對於這套書來説格外重要，因爲歷代的版本和研究成果浩如煙海，我們既要充分掌握已有的資料，又要去僞存真，去粗取精。守正出新是我在 1995 年主編《中國文學史》時提出來的，實踐證明取得了良好的效果。所謂守正就是繼承優良的學術傳統，所謂出新就是努力開拓新的學術格局，充分吸取新的研究成果，適當採用新的研究方法，使這套書具有時代的特色，以適應時代的要求。

近年來，古籍善本的普查和影印工作有了很大進展。以前的學者看不到的一些善本，我們有機會加以利用，這爲我們選擇底本和校本提供了很大方便，從而使新編工作有了堅實的基礎。自漢代以來，學者們圍繞這些經典所作的校勘、注釋和研究工作很多，成就卓著，爲《新編新注十三經》提供了極其重要的參考。此外，自二十世紀以來特別是近幾十年來出土了大量的文獻和文物，又爲經典的整理研究開拓了新的局面。例如臨沂銀雀山漢墓出土的竹書，長沙馬王堆漢墓出土的帛書,荆門郭店戰國楚墓出土的竹簡,上海博物館藏戰國楚竹書等,都向我們提供了大批極爲寶貴的新資料。由於這些新資料的出現,一些傳世的先秦古籍有了更早的古本,古籍中的一些錯誤得以糾正,古籍中的一些難點得到解釋[1]。充分利用這些新發現的資料,可以提高我們的工作質量。

二十世紀之後的學術是在中西文化交流的大背景下展開的。借用西方的哲學、宗教學、文學、史學和人類學等方面的觀念來解釋中國的典籍,已經取得不少成績。陳寅恪先生所謂"取外來之觀念與固有之材料互相參證"[2],已被證明是行之有效的方法。這也爲《新編新注十三經》提供了廣闊的空間,從而保證了"出新"的可能。

還有一點值得注意,以前的學者整理經書,各有其家法,而且經今古文之爭十分激烈,各個門派互不相容;宋儒與漢儒又有所不同。今天我們重新整理,可以超越這類紛爭,兼容並蓄,擇善而從,從而取得新的成果。

當然,要想將這套書編好還存在許許多多的困難。一是資料浩繁,要花很多時間才能搜集完備並加以消化;二是每部書都存在不少難點,聚訟紛紜,要想取得進展,提出新見,並經得起考驗,實在很難;三是這套書既定位爲學術著作,又希望有較多的讀者使用,如何在專家與普通讀者之間找到平衡點,需要認真摸索。但是我們相信,依靠參加工作的各位學者刻苦鑽研,虚心聽取各方面專家的意見,集思廣益,反復討論,有希望達到預期的目標。

(原刊於《北京大學學報》2009 年第 2 期)

---

[1] 參看裘錫圭《中國出土古文獻十講》,上海:復旦大學出版社 2004 年版,第 82—90 頁。
[2] 陳寅恪《王静安先生遺書序》,《王國維遺書》,上海:上海書店 1983 年版。

目　録

前　言

《孫子兵法》是我國古代一部著名兵法，問世於公元前五世紀，相傳爲先秦大軍事家孫武所著，現已被世界各國公認爲最富哲理性和最具持久影響力的兵法。該書不僅幾千來被兵家奉爲圭臬，也是現代軍事家、政治家、外交家以及企業界精英人士共同享有的智慧寶庫。

一、孫子其人

孫子，姓孫名武，字長卿（有時被尊稱爲孫武子），春秋末期人。其出生年代據推算在公元前 550 年至前 540 年之間，略晚於孔子。

司馬遷《史記·孫子吳起列傳》云：“孫子武者，齊人也，以兵法見於闔閭（《左傳》作闔廬），闔閭曰：‘子之十三篇吾盡觀之矣，可以小試勒兵乎？’曰：‘可。’……於是闔閭知孫子能用兵，卒以爲將。”此記敘乃孫武之名始見於史籍。

孫武的祖籍是春秋時之陳國，位於現今河南與安徽間。其七世祖陳完爲該國國君陳厲公之子。由於宮廷內訌，陳完怕禍及自身，逃往齊國[1]。齊桓公封陳完爲工正，始改姓田，掌管齊國的手工業生產。田完之四世孫無宇有二子，一爲恒，二爲書。田書被齊景公派去討伐

---

[1]　《新唐書·宰相世系表》裏存“完奔齊，以國爲姓，既而食邑於田，又爲田氏”的記載。按：此説在學界多有歧見，因史料無確證，暫存前説。

齊之鄰國莒，立有戰功，被王室賜姓孫，食采於樂安（今山東省惠民縣境内。關於孫子的出生地，另有山東省博興和山東省廣饒兩説，備參）。由是，孫氏一家始成爲軍事世家。

及至孫書之子孫憑時，齊發生内亂，爲避禍計，孫憑舉家外遷至吳，約留居於今蘇州附近。當時的孫武據推算近而立之年[1]，但由於其所在國爲齊，齊已是春秋時東方大國，齊桓公又最先稱霸，孫子繼承了本國及貴族家庭兵學研究遺産，加上本人之天才與勤奮，遂完成了《孫子》十三篇這樣的傑作。

相傳，中國父系氏族社會後期部族聯盟首領舜，爲陳國之遠祖。以祖籍論之，孫武應爲舜之後裔。《吳越春秋》載，孫武發怒時“兩目忽張，聲如駭虎，髮上沖冠，項旁絕纓”，可見其性格奔放，有英姿勃發之勢。

孫武至吳國，爲吳王闔閭的謀臣伍子胥所看重，並引爲知己；又在吳王前多次舉薦。孫武得見吳王並極受賞識；經過“吳宮教戰”，吳王確認其是一位能統兵作戰、安邦定國之奇才，遂封其爲將軍，協助王室經國治軍，並令他日夜練兵，準備伐楚。

楚乃春秋時期南方大國。據《左傳·宣公三年》記載，楚莊王曾北上問鼎中原，當時北方的晉採取聯吳制楚之策，使得吳楚兩國長期對峙。公元前五世紀楚昭王即位後，楚實力下降，同時又和唐、蔡等小國不斷發生戰爭衝突，吳王闔閭利用此時機，決定逼楚國決戰。吳軍以三萬人破楚二十萬之衆，五戰五捷，佔領楚國都城郢，這便是歷史上有名的柏舉之戰。

柏舉戰後，孫子掛冠歸隱，莫知所終。然而，他留給後世的一部兵法卻千古流傳。

---

[1]　關於孫武此時的年齡，學者有多重推敲，因無史料確切記載，故從略。

二、《孫子兵法》的問世與版本流變

《孫子兵法》究竟於何時問世？流傳中有哪些爭論？其版本又有何種變遷？

上面説過，關於孫子的最早記載是《史記》，其中又説到孫子著作爲十三篇。山東臨沂銀雀山出土的漢簡《孫子兵法》，也確證《孫子兵法》在西漢前已經成書；而且，其中的《見吳王篇》，記叙孫武見闔閭事較詳，當爲司馬遷作《史記》時所本。

《漢書·藝文志》根據劉歆《七略》著録了"兵書略"，與"六藝略"、"諸子略"並列。其中説："自春秋至於戰國，出奇設伏，變詐之兵並作。漢興，張良、韓信序次兵法。凡百八十二家，删取要用，定著三十五家。"《孫子》（《漢書·藝文志》中稱《吳孫子》）十三篇當在其内。

對於《史記》之説，自漢代以至隋唐，從未有疑義；只是在宋以後，有人鑒於《漢書·藝文志》裏所載的《吳孫子兵法》八十二篇和《齊孫子兵法》八十九篇中的後者在《隋書·經籍志》裏未見著録，後又竟至失傳，於是懷疑孫武是否實有其人，或認爲孫武即是孫臏。此説曾引起學界長時間爭論。任繼愈先生主編之《中國哲學史》（第一册）也持此種看法，説："現存的《孫子兵法》十三篇，歷史上一般都從《史記》的説法，認爲是吳孫子作；但《孫子兵法》所講的戰爭規模比較大，又有騎兵，倒像是戰國時期的戰爭情況。因此，可以認爲它導源於孫武完成於孫臏，是春秋到戰國中期作戰經驗的總結。"[1]（按：《孫子兵法》問世時主要是車戰，通篇無"騎"之説。）

但此説爲臨沂漢簡的出土所擊破。此次出土的漢簡中既有《孫子兵法》，又有《孫臏兵法》，兩部兵法的出土證明了《孫子兵法》如《史記》所言，確爲孫武所著。至於前説《吳孫子》八十二篇、《齊孫子》八

---

[1]　任斷愈主編《中國哲學史》，人民出版社 1964 年版，第 124 頁。

十九篇,據推斷當爲後學加入的兵學内容,與原著無涉。

對於《孫子兵法》十三篇,歷代注本很多。其中,影響較大的是曹操的注本《孫子略解》。曹操作注時曾讚歎説:"吾觀兵書戰策多矣,孫武所著深矣。"(《曹操集·孫子序》)此注本雖略顯簡約,但語言明快,見解卓越,爲後人所推重。除曹注外,據《隋書·經籍志》載,有關孫子的注本,尚有王凌、張子尚、賈詡、孟氏、沈友諸家;《新唐書·藝文志》又增李筌、杜牧、陳皥、賈林諸家;晁公武《郡齋讀書志》復增紀燮、梅堯臣、王皙、何氏諸家。

就是説,由漢至唐,有關孫子的注本是以曹注本爲代表的諸家注本流傳於世。迄於宋代,吉天保搜集魏曹操,梁孟氏、唐李筌、杜牧、陳皥、賈林,宋梅堯臣、王皙、何氏、張預諸家編爲《孫子十家會注》,成爲孫子注本集大成者。學界大多將吉刊本稱爲孫子學研究的傳本或古本。可惜的是,吉宋刊原本已不可見,現存的有明《正統道藏》本和嘉靖談愷刊本,但多缺文脱簡,難窺其全貌。

與傳本相區別的注本是後起的《武經七書》本,或稱《武經》本。

該書於北宋神宗元豐年間由武學博士何去非校勘,國子司業朱服審定並由國子監頒行,是一套新的武學教本,稱《武經七書》。七書指《六韜》、《孫子》、《吳子》、《司馬法》、《三略》、《尉繚子》、《李衛公問對》。此書的刊行是繼漢代三次兵書大編訂之後的又一次官方修訂,標誌着在古傳本之外出現了一個新的注本,即《武經》本。

《武經》本的出現在一定意義上取代了傳本在兵學研究中的地位,但傳本並未就此消失,而是與《武經本》並存,這樣,就出現了孫子學研究中的兩個系統。

同傳本的狀況類似,元豐年間的武經官刻本也不可見。不同的是,另有一種與它類似的白文大字本(見《儀顧堂題跋》)保存下來,陸心源根據其避宋代諱的缺筆字定爲孝宗時刊本。此白文大字本與曹注本正文幾乎完全相同,刻本原藏陸心源皕宋樓。清光緒年間,皕宋樓藏書被日人岩崎氏購去，存東京靜嘉堂文庫，《武經七書》也隨之流落日本。1935 年商務印書館所印《續古逸叢書》本《武經七書》即用中華學藝社借照靜嘉堂所藏皕宋樓故物影覆。

《武經七書》頒行後，宋時未發現爲全部七書作注的版本。元代的刊行本也已不存，到明代時，刊本迭多，但能見到的卻極少。明人爲《武經七書》作注的，最早當推劉寅。其著《武經七書直解》，簡明扼要，見解獨到，可謂同時代注本中之佼佼者。其次有趙本學的《孫子書校解引類》，此書對孫子的思想觀點多有新見。此外，尚有鄭錄《孫武子十三篇本義》、陳天策《孫子斷注》、李贄《孫子參同》等，也都對《孫子》學說作了有價值的解讀。

現在的問題是，吉刻本的《孫子十家會注》本來是十位注者，何來《宋本十一家注孫子》中的十一位注者呢？

原來，《宋本》所謂十一家指曹操、李筌、杜佑、杜牧、王晢、張預、賈林、梅堯臣、陳皞、孟氏、何氏。其中包括了杜佑，是唐代注家中的一位。據考，杜佑沒有專門注《孫子兵法》，只是在《通典》的引文中附以自己的意見。鑒於此，他被列於十家之外。余嘉錫《四庫提要辨證》說："自曹操至何氏，實十一家。鄭友賢謂之十家者，蓋注中引及杜佑，乃《通典》之説，佑本不注《孫子》，去佑不數，則只十家耳。"本書以《辨證》之説爲是。

上面説過，吉輯《孫子十家會注》原刊本已不可見，它與後來發現的《宋本十一家注孫子》又是何種關係呢？

現有《十一家注孫子》約刊於南宋寧宗時，初見錄於尤袤《遂初堂書目》，此書曾經清代內務府收藏，並經《天祿琳琅書目》著錄。其中有十一家注者名，並附孫子本傳和鄭友賢撰寫的《孫子遺説並序》。一般認爲，《十一家注》就是《宋史·藝文志》所著錄的吉天保輯《孫子十家會注》；至於爲什麼十家變爲十一家，已如前述。

《孫子十家會注》本未見元刻。明正統年間，刻入《道藏》（南藏），涵芬樓於民國初年予以影印，是爲通行《道藏》本。

上述兩大系統的版本，即《宋本十一家注孫子》和《武經》本，除了在篇名（如《武經》本標爲"始計第一"，《十一家注》標爲"計篇"；《武經》本爲"軍形第四"，《十一家注》爲"形篇"），及正文表述中若干差異外，其餘的注文基本相同。兩種版本可相互補充與印證，並無彼此排斥之處。

需要補充説明的是，在中國古代，尤其宋代以後，儒家作爲主流意識形態，逐漸滲透於一切方面，作爲兵家的孫子，常常被看作異端，無形中受到貶抑。此時期有新的注者零星出現，但未形成大的氣候。清代中葉有較大變化，就是孫星衍新校本的出現，使孫子的研究又熱絡起來。

孫星衍（1753—1818）是清代經學家。他以《道藏》中的集注本爲底本，另與《通典》、《御覽》等幾部書對照，對孫子十三篇正文進行了勘定，對傳本注家編排次序上的錯亂也作了訂正，並依據《宋志》直題爲《孫子十家注》。該本的出現，預示着《十家注》——《十一家注》——的注本系統取代了《武經》本系統在孫子兵學史上的地位[1]，而且，在一定程度上，掀起了另一次學習與研究孫子的熱潮。這個注本成爲清中葉以來流行最廣也影響最大的孫子書。由於學術資料的散失（如孫未看到《宋本十一家注孫子》）和學術觀點上的某些差異，該注本也存在若干不確與武斷之處，但總體上説，它的推出是該時期孫子研究中的突破性成就，爲後人研究孫子提供了一份可貴的資料。

據專家考證，與孫校本同時或稍晚，尚有鄭達《孫子坿解》、鄭端《孫子匯徵》、魏源《孫子集注》（謹有序文存於《古微堂外集》中），以及王念孫、汪宗沂等人，對孫子學説也進行了有價值的探索[2]，但傳播

---

[1] 穆志超《孫子學文存》，白山出版社 2010 年版，第 190 頁。
[2] 穆志超《孫子學文存》，第 219—220 頁。

範圍有限，影響甚微。

三、《孫子兵法》的軍事思想概要

　　《孫子兵法》共十三篇，由《計篇》始，至《用間篇》終，近六千字，可謂言簡意賅，令人回味無窮，對用兵之各側面，諸多環節，論述得細密而周全。書中所提若干戰略原則，至今仍具有重大的意義。

　　《孫子兵法》裏的軍事思想，既廣且深。概而言之，孫子是從實戰需要出發，提出了諸如“知彼知己者，百戰不殆”、“道、天、地、將、法”、“先爲不可勝，以待敵之可勝”以及“奇正之變，不可勝窮”等諸多重要論斷，包舉了從戰略構思到戰術技巧等各個方面的豐富內容，成爲後世兵家取之不盡的智慧寶庫。

　　“知彼知己者，百戰不殆”，是該兵法裏膾炙人口的名言，它指明了戰爭指導者對敵我雙方情況的瞭解，是戰爭中取勝的先決條件。所謂雙方情況指“道、天、地、將、法”五事，即五種決定戰爭勝負之因素，曾被譽爲“武經之綱”。意思是：假如這五方面都勝過對方，便可興兵作戰，有取勝把握；假如其中一項或兩項不合乎要求，又無相應之補償辦法，便不應興兵，即使興兵，也難以致勝。

　　“先爲不可勝，以待敵之可勝”，及“不可勝在己，可勝在敵”，是孫子對於戰爭的一種獨特看法，即“自保而全勝”（《形篇》，以下凡引用《孫子兵法》一書時，只舉篇名）。辦法是：先使自己立於不敗之地，後尋找破敵之機，集中優勢兵力，全面擊敵。故而他又強調說：“故用兵之法，無恃其不來，恃吾有以待也；無恃其不攻，恃吾有所不可攻也。”（《九變篇》）

　　“不戰而屈人之兵”是指：爭取以不流血的鬥爭方法，迫使敵方屈服，也就是孫子說的“兵不頓而利可全”，即不損傷我方的兵力、物力，也不破壞敵方的兵力、物力，從而最大限度地避免“用兵之害”。爲此，他詳舉戰爭之所費，陳利害之端，拳拳以速勝爲勉，以久暴爲戒，認爲殺人不事戰攻之力，不假歲月之久，惟於萬全爭於天下；並指出，所謂攻城拔寨等武裝衝突的辦法並非戰爭的理想形式，只是不得已而爲之。

"三軍之衆，可使必受敵而無敗者，奇正是也。"（《兵勢篇》）此論斷將"奇正相生"，即特殊打法與一般打法的交替使用與並用，視爲作戰的基本模式，乃兵學史上的創舉。

從世界軍事史的角度觀察，《孫子兵法》也屬上乘之作。英國著名的戰略問題專家利德爾·哈特在爲《孫子兵法》（英文版）作序時曾對孫子思想與西方的克勞塞維茨的軍事理論作了對比，他説："孫子的現實主義和中庸思想與克勞塞維茨的強調理想主義和絶對觀念的思想形成了鮮明的對比。"又説，《孫子兵法》不只是"關於戰爭藝術的最早的論述，就其對戰爭論述的廣泛性和對戰爭藝術的理解深度而言，到目前爲止尚没有被超越"[1]。這一評論是中肯的。

還應特別指出，《孫子兵法》的主旨並非好戰，是慎戰與止戰。原因是：戰爭會造成人力、物力和財力的大量消耗和士兵與百姓的衆多傷亡，往往是卒計其所獲之數，不足以補所喪之多。所以，一國的君主和將領在決定用兵時必須慎之又慎。《孫子兵法》一開頭就強調説："兵者，國之大事，死生之地，存亡之道。"（《計篇》）最後兩章，又不無感慨："夫戰勝攻取，而不修其功者凶，命曰費留（白費力氣）。故曰：明君慮之，良將修之。非利不動，非得不用，非危不戰。主不可以怒而興師，將不可以愠而致戰。合於利而動，不合於利而止。怒可以復喜，愠可以復悦，亡國不可以復存，死者不可以復生。故明君慎之，良將警之，此安國全軍之道也。"（《火攻篇》）

孫子由教人善戰，進而主張"非戰"和"不戰而屈人之兵"，最終教

[1]　引自〈美〉塞繆爾·B·格里菲思《孫子兵法——美國人的解讀》之"序"，育委譯，學苑出版社2003年版，第1頁。

人慎戰，充分表現了作爲軍事思想家所具有的人道主義精神，也證明了中華民族絕非是一個好戰之民族。

四、《孫子兵法》的哲學智慧與人文底蘊

人們會問：爲何一本誕生於兩千五百年前的著作，經受時間長河之水的沖刷蕩滌還青春永駐？又爲何作爲兵學著作的《孫子兵法》，推廣於其他非軍事領域還屢試不爽？這就不能不讓人們仔細地探尋它所體現的哲學智慧與人文底蘊。

從哲學智慧說，《孫子兵法》蘊涵了中國古代思想家的抽象思維、樸素的整體性思維和辯證思維，奠定了堅如磐石的哲學基礎。

人們看到，《孫子兵法》中的許多概念是高度抽象化的。如他說的"道"，既可以是道義，又可以是道路、軌道，還可以指實情或原因、緣由、行爲準則等。他說的"勢"，也有很大的包容性，可以指戰爭形勢，也可以擴及政治形勢、經濟形勢及心理態勢等。其他如"形"、"數"、"虛"、"實"、"動"、"靜"、"知"、"計"、"智"、"力"、"爭"、"節"、"時"、"險"等概念莫不如此。惟其爲抽象，便有了普遍的適用性。中國古人評論《孫子》一書是"捨事而言理"，此"理"便是指中國哲學中最一般的概念，也即是抽象思維的成果。

中國古代哲學也極重視整體思維。前面曾說過，孫子在概括戰爭的要素時，提出過道、天、地、將、法五項內容，稱之爲五事。意思是：判斷戰鬥力的強與弱，決定某一場戰爭可以打還是不可以打、打的後果會是什麼，不能單獨地看其中的一項或兩項強還是弱，而要看所有要素的強弱及其組合狀況。這種特有的思維方式，可名之爲樸素的整體性思維。這種整體思維告訴人們，在研究戰爭力量的強弱狀況時，應着重爲自己建立一個合乎標準的穩定的統一體，不應偏執其一；在預見戰爭的未來時，應對由於力量對比的強與弱而形成的各種可能性作

科學論證，避開不好的前景，爭取好的結局。

辯證思維是《孫子兵法》的另一重要的思維特徵。孫武在《勢篇》裏指出，一切對立的事物是可以互相轉化的，而一切轉化又都是在一定條件下進行的。他舉例説："亂生於治，怯生於勇，弱生於強。"這裏所謂的"生"，意爲發生或轉化。此種轉化，同自然界"五行無常勝，四時無常位，日有短長，月有死生"(《虛實篇》)是一樣的道理。孫子還説："故軍爭爲利，軍爭爲危。"(《軍爭篇》)"故不盡知用兵之害者，則不能盡知用兵之利也。"(《虛實篇》)孫武這種把事物看成是活生生的，運動變化的，相互聯結而又彼此對立的觀點，便體現了辯證思維的特徵。書中提出的其他矛盾現象，如敵我、彼己、主客、動靜、進退、攻守、遲速、虛實、奇正、安危、險易、廣狹、遠近、衆寡、勞逸、強弱、勝負等均如此。

從人文底蘊説，也是如此。《孫子兵法》雖然是以戰爭爲研究對象，但是在觀察戰爭問題時所包含的人文意識卻具有普遍的有效性。這裏所指，包括極具現代意義的競爭意識、支配意識、選擇意識、應變意識、時效意識以及數的意識等。

孫子説："凡用兵之法，將受命於君，合軍聚衆，交和而舍，莫難於軍爭。"(《軍爭篇》)顯然，在他眼裏，在戰爭中爭奪取勝的有利條件，既是一件重要之事，又是一件困難之事。他之所以看重競爭，是因爲有競爭意識，就會重視對時間空間的利用，會重視速度、效率，也會最大限度地發揮自己的優勢以及想方設法尋找和利用對方的弱點。

孫子還重視支配意識。支配是一種特殊的文化意識現象，指的是一方轄制、控制或調動與之對立的另外一方。取得支配權或主動權和自由權，是關係戰爭勝負命脈之所在。孫子突出強調要"爲敵之司命"(使我軍成爲異軍之主宰)，要"致人"(調動敵方)，而不要"致於人"(被對方所調動)，説的就是保持自己的支配權，而使對方處於被支配之地位。

選擇意識也是孫子所强調的。所謂選擇，是指人們在社會行爲裏，於不同的途徑、方式和方案中經過對可行性的研究、利弊得失的權衡，最終確定一種合乎目的的便於操作的最佳方案，是人的自覺能力的顯現。他在討論戰略問題時提出過四種不同的方案，即伐謀、伐交、伐兵、攻城（《謀攻篇》）。對於實際的作戰目標，孫子也主張精心選擇，不應一例對待，他説過："途有所不由，軍有所不擊，城有所不攻，地有所不爭。"（《九變篇》）即有所爲，有所不爲。重視選擇，表示人們有區分和辨別事物以及權衡利弊的本領，説明人的意識能力趨向發達，也是中華文化意識早熟的一種彰示。

再有一種是應變意識。變，作爲一種人文意識，最初由《易經》所闡發。按照《易》學的解釋，"變"與"常"相對應，若將循規蹈矩視爲"常"，敢於打破成規則叫做"變"。《易傳》説的"窮則變，變則通"，表達了此種理念。所謂"變通者，趣時者也"（《易傳·繫辭下》），此處的"趣"同"趨"，"趣時"亦即"趨時"，即善於把握時機，依照條件的變化而靈活運用。孫子極重視"變"的概念，如"五聲之變"、"五味之變"，又説："戰勝不過奇正，奇正之變，不可勝窮也。"（《勢篇》）

還有一種爲時效意識。在《孫子兵法》裏，有一句話是"兵之情主速"（《九地篇》）。分解開來，有兩層涵義：一是時效，即在相同的時間裏，爭取最高的時間利用率；二是時機，指善於掌握機緣、機會。兩者又係於一起。時機掌握得好，會增加時效；時效提高，又能反過來幫助人們選擇好的時機。無論時效或時機，都反映了孫子的時效意識。孫子説過："其用戰也勝，久則鈍兵挫鋭，攻城則力屈，久暴師則國用不足。"又説："故兵聞拙速，未睹巧之久也。"（均見《作戰篇》）即是此意。時間和空間，乃一切事物運動的存在形式。孫子重視對瞬間時機的利用，也反映了中華人文意識裏對時效的看重。

最後還有數的意識。數是一個極古老而又很現代的人文意識，它在很大程度上啓動人的智慧思考，被稱爲是人類文明皇冠上的鑽石。

在《孫子兵法》裏，運用數字來説明一項事物或一個哲理的段落俯拾即是。如《計篇》説"一曰道，二曰天，三曰地，四曰將，五曰法"，使用的是"一"、"二"、"三"、"四"、"五"這樣的數字。《作戰篇》的開頭云"凡用兵之法，馳車千駟，革車千乘，帶甲十萬，千里饋糧……日費千金，然後十萬之師舉矣"，使用了"十"、"千"、"萬"這幾個數字。同一篇裏，又有"百姓之費，十去其七；公家之費，破車罷馬，甲胄矢弩，戟楯蔽櫓，丘牛大車、十去其六"之記載，使用了"十"、"六"、"七"這幾個數字。有人作過統計，在《孫子兵法》裏，通過數字解讀兵學内容的地方共計151處，用過的數字共計13個。其中，用的最多的是"五"（27處），其次是"三"（24處）、"一"（21處）、"十"（17處）。上述"五"、"三"、"一"、"十"這四個數字，約佔全書所用數詞量的57%。

我們之所以較爲詳盡地向讀者推薦《孫子兵法》所特有的哲學智慧與人文意識，意在説明：該書之所以能使人感到言簡義賅、回味無窮，是因爲它的許多認識與結論是超時空的，是有廣泛的實用性的。讀《孫子》書自會有通一竅而達百竅的效果。

人所周知，當今世界最享盛譽的中國古代先哲當推孔子、老子和孫子。這三位先哲的思想既相通又各具特色。老子是一位思辯色彩極濃的人物，他所提出的道，以及圍繞於道的有、無、動、靜等，以及"節欲"、"慎大"乃至保持"樸真"、回歸自然等相關理念，從思維方式的角度審視，都是要人們能全方位地、理性地看待事物，重視事物之正面，尤需重視事物之反面（有學者稱此種思維方式爲"不可行性論證"，它與可行性論證相互補充，相得益彰）。應當承認，這一"求異"思維（或稱"反向思維"）堪稱人類思維方式裏的極品。

至於孔子與孫子，則又有各自的思維定勢與價值取向。孔子與孫子，均誕生於公元前六世紀，並稱爲"文武雙聖"。孔子教人們如何做人；孫子則通過戰爭之事啓示人們如何做事。對整個人類社會説，二者是相互補充、缺一不可的。

孔子最核心的理念是"己所不欲,勿施於人"。這一理念已成爲世界各國的共識,被認爲是人們應共同遵守的"金律"或"金規則"。孫子的核心理念又是什麼? 從更高的層面看,我以爲是"計",即計算或計畫。他説的"多算勝,少算不勝,而況於無算乎"(《計篇》)是對這一理念的極好闡發。實際上,無論是誰,無論從事何種職業,也無論辦何種事,都要提前策劃,預先部署,都應有周密而詳盡的計畫("計"),但又不死守計畫("踐墨隨敵"),都應重視對周圍環境及自己所處的位置("勢")的認知,都要有時效觀念("時")和競爭意識("爭"),都要詳盡地瞭解對手的情況("間"),都要選擇適合於當時狀況的行爲方式(參見《謀攻》、《地形》、《九地》等篇),更要有前景預測及風險評估("五事"、"七計"、"險")。總之,計畫周密,措施得當,會事半而功倍;反之,計畫不周,措施失宜,又缺少相應之補救辦法,則會事倍而功半,甚或勞而無功。

就我國傳統文化而言,以我之觀察,由於儒家思想長期處於主導地位,因而從習慣看,比較重視人的道德評價,而輕視人的功利追求。其實,這是一個很大的缺失。應當承認,作爲一個有文化、有素養的現代人,既應會做人,又應會做事,才算是一個標準的完善的人,缺了任何一面,都會變成畸形;同樣,就一個國家而論,既重視發揮人們的道德良知,又注重挖掘人們的智力潛能,這個國家才會變得生機勃勃,前景光明,也才會永立不敗之地。單有前者或後者,均難以成功。早在四百多年前,我國明代思想家李贄(1527—1602)就建議把"七書"(《武經七書》)和"六經"(儒家經典《詩》、《書》、《易》、《禮》、《樂》、《春秋》)結合起來,教導天下萬世子民,實現富國強兵。七十多年前,胡適也盛讚墨家學派的倡導者墨子,説他在中國古代是一位了不起的學者兼實行家,之所以了不起,是因爲墨子不但重人格,重品德,更重實利,重實用,如他認爲打糧食能吃,蓋房子能住,這些都關係到人們的基本生活需要;又説墨家所提倡的興天下之利就是"使飢者得食,寒者得衣,亂者得治"(《墨子·尚賢下》),説到底,也是爲富國富民,並主張人的道德修養和人的能力與技巧應結合起來。當我們今天重讀《孫子兵法》時,不妨謹記這些教誨,以便正確評價這部兵法在中國思想史以及在當今現實生活中的位置與作用。

五、體例説明

最後,對全書體例做一個説明:

一、本書正文以中華書局上海所 1961 年影印《宋本十一家注孫子》(該本爲吉天保輯宋刊本。此本明代刻入《道藏》即南藏,涵芬樓於民國初年予以影印,是爲通行《道藏》本)爲底本進行注釋。另以《銀雀山漢墓竹簡【壹】》(銀雀山漢墓竹簡整理小組編,文物出版社1985 年版)作參校本。凡兩者有重要出入之處,則在相關校注中説明,供讀者參閲。

二、本書選用清代著名經學家孫星衍之《孫子十家注》爲參校本。此書據《岱南閣叢書》本。

三、本書設有"辨證"和"疏解"兩項。前者是對書中個別重要的概念與判斷以及學界的不同見解作適當評斷,後者是對注文中某些要點作展開説明。

四、本書在做注時,凡引用《宋本十一家注孫子》中各家注釋時,不再注明出處,只標《十一家注》。注文中參考與吸收了《武經七書·孫子》等的相關内容,以及歷代注者的有關成果,同時也有本人研究所得。鑒於有關《孫子》的注本大多止於《宋本十一家注孫子》,對宋代以後的學術研究成果鮮有涉及(清代孫星衍《孫子十家注》除外),本書在注釋時,則適當引用了明代學者劉寅《孫武子直解》(明成化二十二年刊本)與趙本學《孫子書校解引類》(美國國會圖書館藏明隆慶二年刊本)研究《孫子》的有關成果,補此缺失。

　　五、在本書的注文中，徵引的幾種《孫子》書目，皆用簡稱，即：《宋本十一家注孫子》稱《十一家注》，《武經七書》稱《武經》本，《銀雀山漢墓竹簡【壹】》稱《竹簡》本，孫星衍《孫子十家注》稱孫校本，劉寅《孫武子直解》稱劉寅本，趙本學《孫子書校解引類》稱趙注本。

計　篇

【題解】

　　計，本義爲計算，《説文》："計，會也，算也，從言從十。"此處之計應爲計畫和估算，即指：未戰之前，能從敵對雙方的政治、經濟、天時、地利以及將帥才能等條件的估算、分析和對比中，對戰爭發展進程與結局進行預測，作出合乎實際之戰略性決策。所謂"算無遺策，計出萬全"即指此。《管子·七法》有言："故凡攻伐之爲道也，計必先定於內，然後兵出乎境。"又云："剛柔也，輕重也，實虛也，多少也，謂之計數。"曹操注："計者，選將、量敵、度地、料卒、遠近、險易，計於廟堂也。"（《十一家注》）都印證了戰略決策之重要。

　　孫子曰①：兵②者，國之大事③，死生之地，存亡之道④，不可不察⑤也。

【校注】

①曰：《廣雅·釋詁》："曰，言也。"又，本書凡用"曰"字處，乃古代論兵的一種文體，即問答體。

②兵：本義爲兵器、軍械；引申爲兵士、戰鬥、戰爭等。《説文》："兵，械也……從廾持斤，併力之貌。"此處"兵"指戰爭。如《孫臏兵法·見威王》："舉兵繩之。"《尉繚子·兵談第二》："兵勝於朝廷。"

③國之大事：言在國家中位列榜首之事。《左傳》成公十三年："國

之大事,在祀與戎。"(戎,戰爭)《管子·參患》:"兵者,尊主安國
之經也。"

"事",《竹簡》本於其下有"也"字,孫校本、《武經》本皆無。
如果有"也"字,似爲斷句,語句不連貫,故未從。

④死生之地,存亡之道:言戰爭係於民衆之生死和國家之存亡。地,
地方,此處指戰場。《吳子·治兵第三》:"凡兵戰之場,立屍之
地。"杜牧注:"國之存亡,人之死生,皆由於兵,故須審察也。"道,
本義是路,此處指途徑、通道。如《詩經·秦風·蒹葭》:"蒹葭蒼
蒼,白露爲霜。所謂伊人,在水一方。溯洄從之,道阻且長。"

⑤察:審慎地、深入地考察。《爾雅·釋詁》:"察,審也。"即明察、
細看。

　　故經之以五事①,校之以計而索其情②:一曰道③,二曰
天,三曰地,四曰將,五曰法。道者,令民與上同意④也。故可
以與之死,可以與之生,而不畏危⑤。天者,陰陽、寒暑、時制
也⑥。地者,遠近、險易、廣狹、死生也⑦。將者,智、信、仁、勇、
嚴也⑧。法者,曲制、官道、主用也⑨。凡此五者,將莫不聞⑩,
知⑪之者勝,不知者不勝。故校之以計而索其情,曰:主孰有
道?⑫將孰有能⑬?天地孰得⑭?法令孰行⑮?兵衆孰強⑯?士
卒孰練⑰?賞罰孰明⑱?吾以此知勝負矣!

【校注】

①經之以五事:經,本義爲織物縱線。古語云,織物以經爲主,而後
緯加之。此處之經是指貫穿整個戰爭的綱,即醒示人們在觀察戰
爭時需從道、天、地、將、法、五個大的方面加以量度。

　　"五",孫校本、《武經》本於其下均有"事"字,有注者疑爲後
人臆增,並以《竹簡》本無"事"字加以佐證。筆者認爲,有"事"與
無"事"均通,或爲傳抄之誤。故從《十家本》。《竹簡》本"經"作

“輕”，古通。

②校之以計而索其情：比較敵對雙方的各種條件，從中探求戰爭勝
　負之情狀。曹操注：“索其情者，勝負之情。”校(jiào)，通“較”，比
　較，杜牧注：“校者，校量也。”計，算，引申爲條件、因素。索，本義
　爲大繩，此處爲求索，探索。情，實情。《竹簡》本“校”作“效”，
　“情”作“請”，古通。

③道：原指道路、規律等，此處指一國重大決策之導引。《管子·君
　臣上》：“順理而不失，之謂道。”又説：“道也者，上之所以導民
　也。”還説：“君道不明，則受令者疑。”

　　　我國從周代起，便有君主行“德政”之傳統。如我國最早兵學
　著作《軍志》有名言云“有德不可敵”。《左傳·僖公二十五年》
　云：“德以柔中國，刑以威四夷。”《銀雀山漢墓竹簡【貳】》也説：
　“不信于賞，百姓弗德。”這些表述，歸爲一點，是：當權者應注重行
　德政，亦即舉凡大的政策、措施均合乎常理並走上軌道，下屬與民
　衆方能有認同感。故《孫子》此處的“道”宜解爲“德政”。

④令民與上同意：使下級官員及民衆對君主與權臣們之決策全力贊
　同和支持。《荀子·議兵》“故兵要在乎善附民而已”，亦指此。
　上，指君主及決策大臣。意，意願、意志。

⑤不畏危：畏：畏懼、害怕。一解爲不害怕危險。《竹簡》本此句爲：
　“民弗詭也。”指民衆對君主德政有認同感，故而對上級指示不懷
　疑，不違反。詭，違反。另一解爲“使民不敢違抗”(見郭化若《孫
　子譯注》，上海古籍出版社1984年版，第79頁)。此説亦可備參。

⑥天者，陰陽、寒暑、時制也：《竹簡》本多“順逆兵勝也”五字。天，
　指氣候、時令等方面的條件；陰陽，指晝夜；寒暑，指寒冷、炎熱等
　氣溫之差別；時制，指春、夏、秋、冬四季。曹操注：“順天行誅，因
　陰陽四時之制。”劉寅本云：“夏不征南，冬不征北。”

⑦地者，遠近、險易、廣狹、死生也：地，指地形條件，包括距離遠近

（遠近）、險要或平坦（險易）、廣闊或狹隘（廣狹）、絕地或通道（死生）等內容。《竹簡》本中，此句爲：“地者，高下、廣狹、遠近，險易，死生也。”多“高下”二字。高下，指地勢之高低，如《長短經·地形》云“先處其高陽”，又曰“必居高陽以待敵”。死生，指不可進退攻守與可進退攻守之地。《孫臏兵法·八陣》云：“險易必知生地、死地，居生擊死。”

⑧將者，智、信、仁、勇、嚴也：將，指軍中主將，其應具備智謀才能，賞罰有信，寬待士兵，勇敢果斷，號令嚴明等品格。趙注本云：“智足以料敵，信足以令眾，仁足以得士，勇足以倡敢，嚴足以肅政。五者俱全，是謂有能之將。”

⑨法者，曲制、官道、主用也：法，是指隊伍之編制、統帥各級將士之辦法、管理軍備物資的計畫等條件。曲制，曲指部曲，古代軍隊編制的稱號；制指法度，即軍隊之組織編制及上下聯絡等規章。曹操注：“部曲，幡幟、金鼓之制也。”官道，各級將吏的職責範圍劃分；道指規定、條例。曹操注：“官者，百官之分也。道者，糧路也。”主用，主指掌管。《孟子·萬章上》曰：“使之主事而事治。”用，指軍需給用。主用即軍費、糧草等軍需物資的供應管理制度。全句意思是：法制，是指部隊的組織編制、指揮信號的規定、將吏的職責、糧道和軍需器械的管理情況與制度。

⑩聞：知道，了解。此處引申爲心領神會。

⑪知：知曉，含有深刻理解、確實掌握之意。

⑫主孰有道：哪一方君主較爲稱職，得民心。主，一國之主，國君。孰，誰或哪一方。

⑬將孰有能：哪方面主將比較精明，有才能。《六韜·立將第二十一》云：“社稷安危，一在將軍。”《孫臏兵法·八陣》有言：“（將必）上知天之道，下知地之理，內得其民之心，外知敵之情，陣則知八陣之經。……此王者之將也。”

⑭天地孰得：哪方面得天時地利之便。張預注："觀兩軍所舉，誰得天時、地利。"《銀雀山漢墓竹簡【貳】》説："天時、地利、人和，三者不得，雖勝有殃。"

⑮法令孰行：哪方面法令能嚴格執行。趙注本云："不令之進不敢進，不令之退不敢退。"

⑯兵衆孰強：哪方面兵衆裝備精良，兵力強大。趙注本云："饒勇健鬥，騎射兼長，堅陣而列，如山之不可犯；突擊而至，如火之不可擋，強之謂也。"

⑰士卒孰練：哪方面士卒訓練有素。練，指嫻熟、訓練有素。杜佑注："士不素習，當陣惶惑。"趙注本云："開闔進退有其方，馳逐擊刺有其節，如身使臂，如臂使指，屈伸往來，無不如意，練之謂也。"原文中之"兵衆"指某一方面軍隊整體；"士卒"指某一方軍隊中士兵個體。

⑱賞罰孰明：哪方面的賞功罰罪較爲公正嚴明。《司馬法·天子之義第二》曰"賞不逾時"，"罰不遷列"。《便宜十六策·賞罰第十》亦云："賞以與功，罰以禁奸。賞不可不平，罰不可不均。"

【辯證】

　　"主孰有道"中的"道"，《孫子》自解爲"令民與上同意"，亦即使下屬與民衆同君主的意願相一致；至於何以能一致，則解讀不一。杜牧注："言我與敵人之主，誰能遠佞親賢，任人不疑也。"張預注："先校二國之君，誰有恩信之道。"舉出如淮陰料項王仁勇過高祖而不賞有功，以爲例證。

　　筆者以爲，一場戰爭之進行，須獲下屬與基層民衆發自内心之支持，善於選人和用人固爲其選項，但更重要的是國家在政治、經濟兩方面處置妥當，並走上軌道，也就是前面説的行"德政"。《孫臏兵法·威王問》中，舉出"威王問九"、"田忌問七"，認爲兩人之所問只近於知"兵"，而"未達於道"。如何"達於道"？照孫臏言，一是取信於民，即修明政治,二是經濟和軍事實力準備充分。("吾聞素信者昌,立義……用兵無備者傷。")總之,是政治和經濟均屬上乘。

趙注本在解讀"有道之君"時也舉出兩項,一爲"省刑罰",二爲"薄稅斂",涵蓋政治、經濟兩個方面。歸根到底,是指"德政"。説惟有如此,才能做到使民"體君之意,從君之命,與之同患,至死而不逃去者,則爲有道之君也"。

可見,無論古代現代,當一國與別國發生戰爭衝突時,民衆與下屬對誰忠誠,取決於誰最能給他提供安全感,提供最有效的社會服務、經濟利益和社會權利,乃不證自明之理。

【疏解】

"令民與上同意"一語開啓了中國傳統兵學以德政領先及貴在"人和"之先例。《吳子·圖國第一》曰:"不和於國不可以出軍;不和於軍不可以出陣;不和於陣不可以進戰;不和於戰不可以決勝。"《司馬法·仁本第一》曰:"仁本第一。"《黄石公三略·上略》引《軍讖》云:"興師之國,務先隆恩;攻取之國,務先養民。"《六韜·盈虛第二》則曰:"君能同天下之利,民則能戴其君如日月,親其君如父母。"諸葛亮《將苑》亦云:"夫用兵之道,在於人和,人和則不勸自戰矣。"(《諸葛亮集》,中華書局 1960 年版,第 99—100 頁)趙注本云:"取勝於廟,而後取勝於野;取勝於心,然後取勝於兵。"

將①聽吾計,用之必勝,留之;將不聽吾計,用之必敗,去之。

【校注】

①將:讀爲 jiāng,語助詞,可譯爲"如果"、"行將",如《左傳·昭公二十七年》:"令尹將必來辱,爲惠已甚。"此系孫子激吳王之詞。另一讀爲 jiàng,指將令中的偏裨之將(不是主將,是部將),意思是:如部將聽信吾計,用之而戰必勝,則留之;如果部將不聽信吾計,

用之而戰必敗,則去之。兩説均可。

【辯證】

"將"字,關於前説,主將之去留,從史實看,某將領自由選擇所報效之君主,多見於戰國。如孫臏先後在魏、齊兩國任職;吳起先後在魯、魏、楚三國任職。此例在春秋時尚屬少見。

關於後説,劉寅本云:"前將字指大將而言,此將字指偏裨之將而言也。人君與大將定計於廟堂之上,大將便當選偏裨之將而節制之。故言偏裨之將聽信吾計,用之而戰必能取勝,則留而用之;偏裨之將不聽吾計,用之而戰必然取敗,則除而去之不任也。昔馬謖違諸葛亮節度,亮斬之,是將不聽吾計,用之必敗,去之也。"經察,趙注本中亦有類似之説。

計利以聽①,乃爲之勢②,以佐其外③。勢者,因利而制權④也。

【校注】

①計利以聽:有利的計策已被採納。計,籌算。利,有利的策略。以,通"已"。聽,聽從、採納。《禮記·檀弓》鄭玄注:"以與已字本同。"阮校:"按'以'、'已'多通用。"

②勢:態勢、氣勢。乃爲之勢,意爲還應造成有利的態勢。

③佐:輔助。以佐其外,作爲一種輔佐。

④因利而制權:根據是否對我有利而採取相應的行動或恰當的對策。因,根據、憑依。《孟子·離婁上》:"爲高必因丘陵。"制,掌握。《淮南子·氾論訓》:"夫聖人作法,而萬物制焉。"高誘注:"制,猶從也。"權,本意爲秤錘,引申爲機動、權衡。

兵者,詭道也①。故能而示之不能②,用而示之不用③,近而示之遠④,遠而示之近;利而誘之,亂而取之⑤,實而備之⑥,强而避之⑦,怒而撓之⑧,卑而驕之⑨,佚而勞之⑩,親而離之⑪。

攻其無備,出其不意。此兵家之勝^⑫,不可先傳^⑬也。

【校注】

①兵者,詭道也:興兵作戰是一種詭詐行爲。兵,用兵,即行軍佈陣。詭,詭詐、變化多端。曹操注:"兵無常形,以詭詐爲道。"《管子·法禁》:"行辟而堅,言詭而辯。"(行爲怪僻而又堅執不改,出言虛僞而又強辯飾非。)

②能而示之不能:意指:能攻,故意裝作不能攻;能守,故意裝成不能守。此句至"親而離之"等十二條作戰原則,有人名之爲"詭道十二法"。示,顯示,假裝,或稱僞裝。

③用而示之不用:本打算出兵,故意裝作不打算出兵。用,用兵打,出兵攻。

④近而示之遠:本打算在近處用兵,故意裝作在遠處。

⑤亂而取之:如果對方出現混亂,應趁勢攻取。亂,使動詞,使之混亂。取,攻取。

⑥實而備之:若對方實力雄厚,須時刻戒備。

⑦強而避之:若對方實力強大,須暫時避其鋒芒。

⑧怒而撓之:有兩説:一説,如對方將領激憤易怒,我則應設法挑逗之;另一説,如果對方士氣旺盛,我應設法避其鋒鋭。如從後説,易與前面的"強而避之"重複,故從前説。怒,生氣、氣勢強盛。撓(náo),攪合,轉意爲挑逗、擾亂,又一説指屈、折,可參。

⑨卑而驕之:若對方卑怯、謹慎,應設法使其驕傲。卑,小、怯。

⑩佚而勞之:若對方以安逸待我,應設法使其疲勞。佚(yì),通"逸",指安逸、安穩。《荀子·堯問》:"舍佚而爲勞。"王晳曰:"彼出則歸,彼歸則出。"

⑪親而離之:意爲對内部和睦之敵,要設法離間它。親,親近、和好;離,離間、分化。《廣雅·釋詁一》:"離,分也。"曹操注:"以間離之。"

⑫兵家之勝：此處指克敵制勝之決竅。勝，佳妙、奧妙。

⑬先傳：事先認定。傳，傳達、傳授，也有注者釋爲表露。曹操注：
"傳，猶洩也。"此解待酌。

【疏解】

"不可先傳"之"傳"，曹操注："傳，猶洩也。"接着又説："兵無常
勢，水無常形，臨敵變化，不可先傳。"這裏似含兩義：一是已定計策，不
可事先洩露於敵。據此，李筌注爲："無備不意，攻之必勝，此兵之要，
秘而不傳也。"二是用兵之計策，須隨情況變化而變化，不可事先認定。
據此，梅堯臣注曰："臨敵應變制宜，豈可預前言之。"雖兩説均通，但相
較之下，後一説似更合乎作者原意。因爲，戰爭實行的過程是以所定
之計爲"本"，在實行中善於利用優勢，製造機變，捕捉有利時機，才可
取勝於對方。換言之，"運用之妙"的功夫是難以事先規定和刻板傳
授的。

夫未戰而廟算①勝者，得算多②也。未戰而廟算不勝者，
得算少也。多算勝，少算不勝③，而況於無算乎！吾以此觀
之，勝負見④矣。

【校注】

①廟算：古時興師出戰前，君主必在廟堂裏舉行儀式，商討作戰大
計，興師命將，授以成算，然後出征，故稱"廟算"。廟，古人祭祖
之所。

②得算多：意指計算周密，勝利機會多。算，計數用的籌碼，《十一家
注》與《竹簡》本"算"作"筭"，古通。此處引申爲勝利之幾率。

③多算勝，少算不勝：如獲得算籌多，具備致勝的條件便多，勝利的
機會也多；反之，得算籌少，具備致勝的條件也少，勝利機會就少。

④見（xiàn）：現也。《戰國策·燕三》："圖窮而匕首見。"此處的
"見"爲呈現、顯現，可譯爲顯而易見。

【疏解】

在《孫子》中，"數"、"計"、"算"幾個概念密切相關。孫子曾言："多算勝，少算不勝。"算，本意指計算所用之籌碼，既包含算，也包含數。"計"的一項特殊功能是計量（另有計劃、籌碼等），而計量必須有1、2、3 等精確的資料顯示，假如將各種資料顯示進一步做有規則之運算，即計算。

在研究兵學理論時，引進"數"的概念，是《孫子》之一大特色。

《孫子》中，直接引用"數"之概念有兩處：一爲《形篇》"兵法，一曰度、二曰量、三曰數、四曰稱、五曰勝"一句，句中不僅出現了"數"，還有"一"、"二"、"三"、"四"、"五"這五個具體數字；另一處在《火攻篇》中云"凡兵必知五火之變，以數守之"，表明作者已確認：火攻這一軍事行動必須有"數"之依據。

《孫子》兩處用"數"，無論指兵員數量還是星宿位置（即度數），都表明他對具體事物之認識，已昇華至一定高度，即用脫離具體事物的抽象概念——"數"——來界定事物量的規定性。

至於書中對具體數字的運用，更俯拾即是。《孫子》儘管對數的認識和使用，仍停留於一種簡單而樸素之形態，遠未像後來的數學演算那樣精細和規範，但在研究戰爭這一現象時，能引入數的概念，在同時代人中並不多見。這是《孫子》提供給後人的一份珍貴文化遺產。

意大利學者克里斯托夫·高利科夫斯基評論説："孫子的一項十分偉大的成就是他對現實的科學態度。……書中提出的對社會現象要以科學的態度來看待與分析，包含着某些定量分析概念。"又讚賞説："就重視科學和科學方法而言，在中國古代思想的整個領域裏，他是一位孤獨的先驅者。"（見《〈孫子〉新論集粹——第二屆孫子兵法國際研討會論文選》，長征出版社 1992 年版，第 304 頁）

作戰篇

【題解】

　　作戰，指如何籌措戰爭，亦即戰爭之物資準備。“作”有興辦、啓動、籌措之義，《易·乾·文言》：“聖人作而萬物睹。”由於戰爭需消耗大量人力、物力與財力，故必須預作籌畫。張預注：“計算已定，然後完車馬，利器械，運糧草，約費用，以作戰備。”即指此。李筌曰：“先定計，然後修戰具，是以《戰》次《計》之篇也。”

　　本篇主旨爲：闡明戰爭之勝負依賴於經濟之强弱，認定凡戰皆需速戰速決，爭取以小代價取大戰果，尤其需避免軍糧遠程運輸；同時，還應重視獎賞士卒，以達到“勝敵而益强”。

　　孫子曰：凡用兵之法，馳車千駟①，革車②千乘，帶甲十萬③，千里饋糧④，則內外⑤之費，賓客之用⑥，膠漆之材⑦，車甲之奉⑧，日費千金⑨，然後十萬之師舉⑩矣。

【校注】

①馳車千駟：馳車，古代快捷輕便的戰車或稱輕型戰車。凡輕車一乘，甲士步卒二十五人(據古《司馬法》，輕車有步卒七十五人，與上述有異，此差異可能緣於軍制不同。參見校注③)。駟(sì)，指一輛戰車套四匹馬，中間兩匹服馬、左右兩匹驂(cān)馬，曹操注：“馳車，輕車也，駕駟馬。”千駟即一千輛戰車。

②革車千乘：革，本意爲動物皮經加工處置轉變爲不易腐爛、且具有
柔韌而透氣性能之產品，叫"皮革"或"熟革"；革車即重型戰車，
用皮革緵其輪，籠其轂，隨步卒七十五人。其特點是以牛皮蒙車，
增加其結實程度。革車之性能，有兩說。一說爲戰車，攻守兼用，
如《孟子，盡心下》："武王之伐殷也，革車三百兩（輛），虎賁三千
人。"此處革車即指此。另一說爲輜重兵車，用作裝載糧食、軍械、
裝具等。曹操注："革車，重車也，言萬騎之重。"本書從前說。

③帶甲十萬：云"馳車千駟，革車千乘"，總計士卒約十萬人。帶，穿
着；甲，盔甲。《禮記·曲禮》："獻甲者執胄。"鄭玄注："甲，鎧
也。"杜牧注："《司馬法》曰：'一車，甲士三人，步卒七十二人，炊
家子十人，固守衣裝五人，廝養五人，樵汲五人。輕車七十五人。
重車二十五人。'"故二乘兼一百人爲一隊。帶甲，穿盔帶甲之士
卒，是當時對徒兵之通稱。

④餽糧：運送糧食。餽（kuì），餽送、供應。《竹簡》本"餽"上有"而"
字，無關原意，可不補。

⑤內外：此處指前方與後方。《竹簡》本作"外內"，有悖於行文習
慣，未從。

⑥賓客之用：指與諸侯國之間使節往來之費用。杜牧注："軍有諸侯
交聘之禮，故曰賓客也。"

⑦膠漆之材：指製作、保養、維修弓矢器械等所需之物資。張預曰：
"膠漆者，修飾器械之物也。"

⑧車甲之奉：戰車需膏油潤滑，甲胄需金革修補，此指長途行車所需
車甲修繕之花費。奉，同"俸"，指費用，與上文"費"、"用"同義。
杜預注："奉，養也。"

⑨千金：一說千金者，言費用多也；又據裴駰《集解》，"秦以一鎰爲
一金，漢以一斤爲一金"，均指古代計算貨幣之單位。另一說，千
金指千斤銅錢。金，一斤銅（古以銅製錢）。應劭《風俗通義》：

"(《孫子》:兵出)日費千金。'千金',百萬錢也。"

⑩舉:訓"起",指出擊、出動。《國語·魯語》:"將爲喪舉。"韋昭注:
"舉,動也。"

【辯證】

革車屬攻車抑或守車(輜重車),説法不一。照曹注所言,革車乃
輜重車,包括伙夫、馬夫、保管衣裝之人以及大量軍需用品,並有大牛
車隨從。後世注者多從此説。

明代劉寅持有異議。其理由,一是《孟子》一書談及武王伐紂時
説,"革車三百輛,虎賁三千人",此處的革車如果只載衣糧器械,並不
參與作戰,似與情不合;二是,《孫子·作戰篇》有"丘牛大車"之説,而
此種牛車據稱是"蓋井田之制,驗丘牛出畝而駕大車",可見此車並非
由官方製造,乃由民間徵集而來。劉寅認爲,此乃輜重之車。據筆者
所見,劉説中第一點,有據可考。《左傳·僖公三十三年》已有"乘韋"
之記載("乘韋"指四張熟牛皮:"乘"音"剩",古代一車四馬爲一乘,故
"乘"解爲"四";韋,熟牛皮),可見,以牛皮蒙車(革車)爲時已久,武王
伐紂時,以革車作戰並無不可。至於第二點,《孫子》中所言之馳車與
革車是否專做戰鬥之用,革車是否亦可攻守兼用,即既可出戰,又可載
重,尚存疑。另外,當時輜重車是否只是丘牛大車,也有疑點。據筆者
淺見,可能的情況是:在遠古時,只有一種戰車,後隨戰爭的發展與工
具之進步,有了輕型、重型兩種戰車,於是有馳車與革車之分化。如同
歐洲在古羅馬時代,開始時只有步兵,後隨時間演進,有了輕裝與重裝
兩種步兵,此兩種步兵同用於作戰。與此類同,中國古代之馳車與革
車也均用於作戰,而其中的革車,亦可載重。至於丘牛大車,則只用於
載重。

【疏解】

張預注:"馳車,即攻車也;革車,即守車也。"並解釋道:"攻車一
乘,前拒一隊,左右角二隊,共七十五人;守車一乘,炊子十人,守裝五

人,厮養五人,樵汲五人,共二十五人。攻守二乘凡一百人。興師十萬,則用車二千,輕重各半。"此解與書中言"馳車千駟,革車千乘,帶甲十萬"相合。

其①用戰也勝②。久則鈍兵挫銳③,攻城則力屈④,久暴⑤師則國用不足。夫鈍兵挫銳,屈力殫貨⑥,則諸侯乘其弊⑦而起,雖有智者,不能善其後⑧矣。

【校注】

①其:語氣副詞,表推斷。

②勝:讀 shèng,勝利。

③久則鈍兵挫銳:久,意爲過於長久。鈍兵挫銳,指兵器鈍化,不再鋒利,銳氣受挫。挫,挫傷;銳,銳氣。此句,孫校本爲"其用戰也,勝久則鈍兵挫銳",《十一家注》爲"其用戰也勝,久則鈍兵挫銳",而《竹簡》本則作"……用戰,勝久則頓……"(無"也"字,"鈍"作"頓"。"鈍"、"頓"二字古通)。有學者據《竹簡》本將此句改爲"其用戰也,勝久則鈍兵挫銳";也有學者言:孫校本"勝"上無"貴"字,《武經》本有"貴"字,又據下文"兵貴勝,不貴久",疑孫校本漏"貴"字,故依《武經》本增"貴"字。以上兩説均有據,可供參閲。筆者以爲,據《十一家注》將此句斷爲"其用戰也勝,久則鈍兵挫銳",似更合乎原著意旨,如張預注:"及交兵合戰也,久而後能勝,則兵疲氣沮矣!"本書從之,原文未改。《竹簡》本"戰"下無"也"字。

④力屈:力量耗盡。屈(qū),本意爲彎曲,轉意爲折損;亦可讀爲決(jué),作竭、窮盡解。"竭",如《荀子·王制》"使國家足用而財物不屈","屈"即"竭"。"攻城則力屈"指攻佔城池力量必定會折損。

⑤暴師:暴,讀作 pù,"曝"之本字,原意爲曬。師,周代軍隊的一種

組織,是旅的上一級。《司馬法》:"五旅爲師,二千五百人爲一師。"暴師,即陳師於野。《穀梁傳·隱公五年》"暴師經年",范寧注:"暴,露也。"

⑥殫貨:言物資耗盡。殫(dān),竭盡,枯竭,窮盡。

⑦弊:疲弊、困頓。

⑧雖有智者,不能善其後:此謂雖有智慧超群之人,也無法挽回既成之敗局或收拾殘局。"雖有智者",《竹簡》本作"雖知者"。"知"同"智"。

【疏解】

《孫子》説:"夫鈍兵挫鋭,屈力殫貨,則諸侯乘其弊而起,雖有智者,不能善其後矣。"此段話將力(實力)在戰爭中基礎性的地位闡述得極爲透徹。

《孫子》中突出"力"之重要,非只此一處,其他章節均有,如"善用兵者,役不再籍,糧不三載,取用於國,因糧於敵,故軍食可足也"(《作戰篇》)、"久暴師則國用不足"(《作戰篇》)、"軍無輜重則亡。無糧食則亡,無委積則亡"(《軍爭篇》)、"凡軍好高而惡下。貴陽而賤陰,養生而處實"(《行軍篇》)、"先居高陽,利糧道,以戰則利"(《地形篇》)、"凡興師十萬,出征千里,百姓之費,公家之奉,日費千金"(《用間篇》)、"力屈,財殫,中原内虚于家,百姓之費十去其七"(《作戰篇》)。各篇所説的"費"、"財"、"實"、"用"等都是"力"的別稱。《孫子》總的觀點爲:戰爭所依憑的,首先是實力;只有實力具備,才談得上施展計謀;同時,也只有實力的聚集、輸送、分配、供應等均有保障,戰爭才可順利進行,否則便不能。

有學者感言,《孫子兵法》與《三十六計》有諸多不同,但其最大差異是:後者極少講實力,只崇信詐謀;而前者則講計謀,卻又以強大實力作基礎。確切地説,孫子重實力,並且是以力與智的有機結合與辯證統一爲是。

　　故兵聞拙速,未睹巧之久也①。夫兵久而國利者,未之有②也,故不盡知用兵之害者③,則不能盡知用兵之利也。

【校注】

　①故兵聞拙速,未睹巧之久也:意爲:只聽説有寧拙而求速勝的,從來未見過有弄巧的持久。拙,笨拙、不巧。《老子·五十四章》:"大直若屈,大巧若拙,大辯若訥。"速,迅速,此處指迅速取勝。巧,工巧、巧妙。曹操、李筌注:"雖拙,有以速勝,未睹者,言其無也。"又李贄《孫子參同》卷二注:"甯速勿久,寧拙勿巧;但能速勝,雖拙可也。"

　②未之有:未曾有過。《竹簡》本"未"下無"之"字。其餘均有,不改。

　③故不盡知用兵之害者:所以,不完全瞭解用兵有害之人。《竹簡》本作"故不盡於知",意同。

　　善用兵者,役不再①籍②,糧③不三載④,取用於國,因糧於敵⑤,故軍食可足也。

【校注】

　①役不再:役,兵役;再,兩次。

　②籍(jí):一説"籍"通"借","役不再籍",意爲不再借民而役,即不再征兵。另一説"籍"爲伍籍,即登記入籍,古語曰"比參爲伍",即參軍。兩義皆通。

　③糧:《漢簡木》作"輛",古通。

　④三載:形容其多,非實指。與上面的"再"相呼應。載,運載,言兵員糧草一次征集停當,不可再三。曹操注:"始載糧,後遂因食於敵,還兵入國,不復以糧迎之也。"

　⑤取用於國,因糧於敵:指兵甲戰具等軍需物資取自本國,糧草之補充可自敵國隨地解決。因,依據,隨順。曹操注:"兵甲戰具,取用

國中。糧食因敵也。”

　國之貧於師者遠輸①，遠輸則百姓②貧。近於師者貴賣③，貴賣則百姓財竭④，財竭則急於丘役⑤。力屈，財殫，中原⑥內虛於家。百姓之費，十去其七；公家⑦之費，破車罷⑧馬，甲冑矢弩⑨，戟楯矛櫓⑩，丘牛大車⑪，十去其六。

【校注】

①遠輸：長途轉運。當時車不同軌，路面差，運輸極困難。杜牧注引《管子》語：“粟行三百里，則國無一年之積；粟行四百里，則國無二年之積；粟行五百里，則衆有飢色。”賈林注：“遠輸，則財耗於道路，弊於轉運，百姓日貧。”都表明遠輸對國家和民衆危害之大。

②百姓：古代平民無姓氏，百姓又稱“百生”，對貴族百官之總稱。戰國後，“百姓”一詞逐步演變爲對平民的通稱。此處似應從前說。

③近於師者貴賣：在軍隊集中地附近地區，東西會漲價。近，臨近，“近於師”即軍隊營地附近。貴賣，即物價上漲。《竹簡》本“師”作“市”。古有軍市，即在駐軍附近“趕集”，“師”同“市”。曹操注：“軍行已出界，近師者貪財，皆貴賣，則百姓虛竭也。”

④財竭：財物枯竭。

⑤財竭則急於丘役：意指百姓財物既枯竭，按丘征派的賦稅、徭役等繳納起來也頗爲難。急，危急、爲難。役，力役、徒役，《孟子·盡心下》：“有布縷之征，粟米之征，力役之征。”丘役，軍賦，又稱丘賦，春秋時按田畝征發之軍賦制度。《左傳·昭公四年》：“鄭子產作丘賦。”

⑥中原：可釋爲國內。虛，空虛，言財物匱乏。“力屈，財殫，中原，內虛於家”，言兵力耗損，財政艱難，國內亦家家空虛。有學者釋“中原”爲戰場，暫存之。

⑦公家：相對“百姓”，指國家，或稱“公室”。

⑧罷(pí)：同"疲"，疲乏。"破車罷馬"，張預注："言車馬疲敝也。"

⑨甲胄矢弩：胄：頭盔。弩，一種利用機械力射箭之弓。

⑩戟楯矛櫓："楯(dùn)櫓(lǔ)"，《十一家注》作"蔽櫓"，而《武經》本則作"矛櫓"，《竹簡》本無此句。經查，"矛"與"櫓"以及"戟"與"楯"皆以攻防器械相對成文，而"蔽櫓"則是用作遮罩的大盾牌，變爲單向防衛，故"蔽櫓"運用，殊覺不類。今依《武經》本作"矛櫓"。戟(jǐ)，戈矛合一體之古兵器。"楯"，同"盾"。矛，長矛；櫓，用於防衛之大型盾牌，於大木輪類巨物外蒙以生牛皮，可遮罩，亦稱蔽櫓。

⑪丘牛：指丘賦征集來用以拉大車之牛，亦稱大牛。

【辯證】

文中說"國之貧於師者遠輸，遠輸則百姓貧"，下文又說"貴賣則百姓財竭"，有注者言：貴賣則財竭，謂軍中財竭，非謂百姓財竭也。據此推斷，原文中當無"百姓"二字，"遠輸則百姓貧"中"百姓"又疑爲"公家"之誤。爲使釋文切合於原意，有學者對"百姓"一詞取變通做法。如郭化若《孫子譯注》將原文中之"百姓"解爲"百官及其家屬"，說："遠道運輸，百官家屬都要貧困。"（第39頁）吳九龍主編《孫子校釋》將"百姓"解讀爲"國家和百姓世族"，說："遠途運輸，費力耗材誤農時，國家和百姓世族不能不貧困。"（軍事科學出版社1990年版，第27頁）張文穆《孫子解故》則認爲，此處之"百姓"一詞乃傳抄之誤，原文應爲"公家"，並以下文中"公家"與"百姓""對舉"爲證，據此建議將原文中之"百姓"直改爲"公家"（國防大學出版社1987年版，第87頁）。以上三說，均有合理處，錄以備考。唯第三說更動原文，因無確證，以不改爲善。照筆者淺見，關於此句的釋法，如不拘泥於字句，其義可表述爲：國之所以貧困在出兵，出兵之禍首推遠輸，遠輸使國家與世家大族均陷入貧窮。

故智將務①食於敵，食敵一鍾②，當吾二十鍾；萁秆③一石④,當吾二十石⑤。

【校注】

①務:務求,力爭。

②鍾(zhōng):古量器原意是指齊國陳氏(即田氏)的家量,後演變爲齊國的標準量器,其規格爲升、斗、區(ōu)、釜(fǔ)、鍾(四升爲斗,四斗爲區,四區爲釜,十釜爲鍾),戰國時延續使用。杜預注:"(鍾)六斛四斗。"曹操注:"六斛(hú)四斗爲鍾。"古代以十斗爲一斛,六斛四斗即六十四斗。

③萁秆:"萁(qí)",同"其",即其,豆秸。《説文》:"其,豆莖也。""秆",同"杆(gān)",禾莖。

④石(dàn):古時既爲容量單位,又爲重量單位,重量單位以一百二十斤爲一石。《漢書·律曆志下》:"三十斤鈞,四鈞爲石。"

⑤食敵一鍾,當吾二十鍾;萁秆一石,當吾二十石:句意是:食敵國一鍾糧食,相當於自本國運糧二十鍾糧之收益;使用敵國一石萁秆,相當於從本國運送二十石之收益。此遠途運輸耗損過大之故也。

　　故殺敵者,怒①也;取敵之利者,貨②也。故車戰,得車十乘已上③,賞其先得者;而更其旌旗,車雜④而乘⑤之,卒善⑥而養之,是謂勝敵而益强⑦。

【校注】

①殺敵者,怒也:爲使士卒奮勇殺敵,必激勵之。怒,激之使怒。曹操注:"威怒以致敵。"賈林注:"人之無怒則不肯殺。"敵,《竹簡》本借作"適",通"敵"。

②取敵之利者,貨也:爲使士卒勇於奪敵資財,就須先依靠財貨獎賞。利,財貨。貨,以錢財賞。賞,賞賜。曹操注:"軍無財,士不來;軍無賞,士不往。"案:"取敵之利者,貨也",有學者考證,"貨也"的"貨"字,當爲"賞"字之誤,以其上半脱壞,遂誤爲"貨"。下

之"賞其先得者",即承此"賞"字而言(見張文穆《孫子解故》,第88頁)。此説備參。

③已:同"以"。

④雜(zá):顏色不純。此處爲摻雜、混編,謂將俘獲敵之戰車混編入己車陣中。

⑤乘:駕,使用。

⑥善:親善,愛惜。"卒善而養之",即把俘虜之敵方士卒雜入我軍士卒中,並給予優待和任用。如是,則較之坑殺降俘大大地進了一步。當時是否有如此做法,待考。案:《竹簡》本"善"作"共"。共,摻雜之意,有學者以此處之"共",疑是"供"之誤;"供"亦通"恭"。今本"善"字疑爲誤讀"共"爲"恭"而改字(參見李零《孫子譯注》,中華書局 2007 年版,第 16 頁)。此説備考。

⑦是謂勝敵而益强:意謂戰勝敵人而使自己更爲强大。曹操注:"益己之强。"張預注:"勝其敵而獲其車與卒,既爲我用,則是增己之强。"

故兵貴勝①,不貴久②。故知兵之將,生民之司命③,國家安危之主④也。

【校注】

①貴:重,推重之意。韋昭注:"貴,重也。"《禮記·中庸》:"去讒(chán)遠色,賤貨而貴德。""故兵貴勝,不貴久",各本皆如此,意謂用利速勝,不利持久。唯查各家注,皆釋"速"字,無單獨釋"勝"字者。有學者疑原文中"勝"爲"速"字之誤。筆者認爲:此處之"勝",即速勝之意,故無須獨自解"勝";若獨解"勝"而不連帶"速",有損傷原意之嫌。

②貴久:用兵過於長久。曹操注:"久則不利,兵猶火也,不戢(jí,止息)將自焚也。"意謂用兵宜速,過於長久則不利。張預注:"久則師老財竭,易以生變,故但貴其速勝疾歸。"

③生民之司命：生民，泛指民衆、平民。司命，古代星官名，一說屬觜
（zī）宿，共四星，即水瓶座 24、26 號星；另一說，司命即文昌第四
星，亦即《楚辭·九歌》中的少司命，相傳，該星座能預示人之生
死。此句喻指人們命運的掌握者。

④主：主宰。《管子·形勢解》："主者，人之所仰而生也。"何氏注：
"民之性命，國之治亂，皆主於將。"

【疏解】

"兵貴勝，不貴久"，是《孫子》又一亮點。此語同下文《九地篇》中
"兵之情主速"相呼應。曹操爲後一句作注曰："兵貴神速。"李贄在解
讀此句時亦云"寧速勿久，寧拙勿巧；但能速勝，雖拙可也"，將孫子的
時效觀念推至極致。

孫子之强調快速取勝，一是乘對方無備，二是減少己之損耗，正如
《作戰篇》上文所云："其用戰也勝，久則鈍兵挫銳，攻城則力屈，久暴
師則國用不足。"此一見解爲後世多數兵家奉爲圭臬。如《吳子兵法·
治兵第三》便云"用兵之害，猶豫最大。三軍之災，生於狐疑"，《六
韜·軍勢第二十六》中亦云"善戰者，見利不失，遇時不疑。失利後時，
反受其殃"，又形容用兵之快爲"疾雷不及掩耳，迅電不及瞑目"。

印度著名軍事家 J·N·薩爾卡爾也曾說，軍事行動信奉的兩條重
要原則是欺騙性和突然性，這兩條都是由中國人（指孫子）提出來的（引
自張文儒《中國兵學文化》，北京大學出版社 1997 年版，第 150 頁）。

謀攻篇

【題解】

　　本篇繼《計》與《作戰》兩篇後，集中討論軍事謀略。謀之本義爲商量，謀畫；謀攻即指謀畫如何作戰，怎樣取勝。曹操注："欲攻敵，必先謀。"杜牧注："廟堂之上，計算已定，戰爭之具，糧食之費，悉已用備，可以謀攻，故曰《謀攻》也。"杜甫《同諸公登慈恩寺塔》詩："君看隨陽雁，各有稻粱謀。""稻粱謀"原指雁尋覓食物。此處的謀攻則指人如何奪取戰場之勝利。篇中提出勝敵之四法，即"上兵伐謀，其次伐交，其次伐兵，其下攻城"，確認"不戰而屈人之兵"，"必以全爭於天下"乃謀攻之最高原則。文中還貢獻出了"知彼知己，百戰不殆"這一軍事戰略中的至理名言。

　　孫子曰：凡用兵之法：全國爲上，破國次之[①]；全軍爲上，破軍次之；全旅爲上，破旅次之；全卒爲上，破卒次之；全伍爲上，破伍次之[②]。是故百戰百勝，非善之善者也；不戰而屈人之兵，善之善者也[③]。

【校注】

　　①全國爲上，破國次之：迫使敵國完整地屈服爲上策，擊破敵國一部分爲下策。全，保全、完整。破，"破"字的本義是石頭開裂，引申爲破損。此處之"破"與"全"對應。曹操注："興師深入長驅，距

其城郭,絕其內外,敵舉國來服爲上。以兵擊破,敗而得之,其次也。"國,《說文》云"國,邦也",本義即邦國,春秋時指各諸侯國之邦土、領地,亦可引申爲國都。《左傳·隱公五年》載:"鄭人伐宋,入其郛(fú,外城),隱公耳聞,將救之,問于師者曰:'師何及?'對曰:'未及國。'公怒,乃止。"此處的"郛"同"郭",指外城;"國"指內城。由於鄭之軍隊,只到外城,未到內城,即國都尚未陷落,隱公以爲可不救。原因是,照時人觀點,一國之全與破,以國都之得失狀況而定。

②軍、旅、卒、伍:古時軍制單位。自東周時起,軍隊編制,五人爲伍,五伍爲兩(25人),四兩爲卒(100人),五卒爲旅(500人),五旅爲師(2500人),五師爲軍(12500人)。延續至春秋,又有變化。如齊國爲五人爲伍,十伍爲小戎(50人),四小戎爲卒(200人),十卒爲一旅(2000人),五旅爲一軍(10000人)(見《國語·齊語》)。春秋戰國時,各國軍隊編制不盡相同,同一國(如齊國)於不同時期,編制亦有差異。如《管子·小匡》:"四里爲連(連即小戎。——筆者),故二百人爲卒。"與上說每卒百人有異。

③不戰而屈人之兵,善之善者也:此句謂不使用戰鬥的手段而能使敵方降服,是好中最好的。屈,使動詞,屈服、降服。《孟子·滕文公下》:"貧賤不能移,威武不能屈。"善,美好。張預注:"明賞罰,信號令,完器械,練士卒,暴其所長,使敵從風而靡,則爲大善。"《竹簡》本"屈"作"詘"(qū),義同。

【辯證】

"全國爲上,破國次之"一句,曹注:"敵舉國來服爲上。以兵擊破,敗而得之,其次也。"經查,多數注者從此說,但張文穆《孫子解故》存疑,認爲如此解釋,於義雖屬可通,但與《孫子》原文不符。《孫子》原文初無"敵"字,遂以"敵"釋之,殊違訓詁之法。又云,戰爭之目的,首在保存自己,次爲消滅敵人。由是,此處之"全國"應指"國全",即國家之人力物力完全；"破國"指"國破"，即國家之人力物力破損。並説："全國作此解釋，方能與下文中之'不戰而屈人之兵'相契合。"（第116頁）

照筆者所見，上説似有兩點缺陷。一、該篇主旨在"謀攻"，即謀畫如何作戰，怎樣取勝。攻擊之對象當然是敵，以原文無"敵"字爲由而否定"國"指敵國，似有不妥。況，假使於國、軍、旅、卒、伍前均以"敵"冠之，語義雖相通，但却悖於古人言簡意賅之行文規則。二、以此處之"全國爲上"與後文中之"不戰而屈人之兵"相互印證，亦屬牽强。原因是：通觀上下文，前文中之"全國"、"全軍"、"全旅"、"全卒"、"全伍"均爲"戰"之法，而"不戰而屈人之兵"乃"不戰"之法，分屬於兩個不同層次。涵義有别，難作混同，故此議可再酌。

【疏解】

"不戰而屈人之兵"中之"不"，學界有兩解，一解爲"不"，即不必動用武力（而使對方屈服）；另一解，"不"解爲"未"，即未曾動用武力（備而不用，同樣使對方屈服）（見穆志超《孫子學文存》，白山出版社2010年版，第267—268頁）。從字面説，一解與二解似有别，但究孫子的原意，差别甚微。因爲，一解之"不"並非完全排除武力或武力準備；反之，二解之"未"，也是以武力作後盾，也不排除武力或武力準備，只是暫時不加動用。由是可知，孫子説的"不戰而屈人之兵"，既非排除武力的和平主義，又非不講成本、不計代價的冒險主義。當時之所以如是觀，也同生産力水準低下，戰爭的消耗使人們難以承受有關，如《管子·參患》坦言：大體説來，三次驚擾敵人相當於一次出征，三次出征相當於一次包圍，三次包圍相當於一次作戰。由此計算一年之出兵征伐，要耗盡十年的積蓄；一次戰役的費用，多年的積累就用完了（"故凡用兵之計，三驚當一至，三至當一軍，三軍當一戰。故一期之師，十年之積蓄殫；一戰之費，累代之功盡"，其中説的"驚"爲驚擾，"至"是出征，"軍"是包圍）。《孫子》這裏所説"不戰而屈人之兵"、"兵不頓而利可全"，便是鑒於戰爭有如此大的耗費，力主儘量不動用武力而使對方降服，即既不損傷我方之兵力、物力，也不去破壞對方之兵力、物力，從而最大限度地避免"用兵之害"。

但如此做法，必須有一前提，即是有充分的武力準備，也就是《孫子》中說的"威"勢。書中所言"霸王之兵，伐大國，則其衆不得聚，威加於敵，則其交不得合"（《九地》）便指此種情況。

"不戰而屈人之兵"，在《孫子》前是否實有其事？有。

一、《韓非子·五蠹》云："當舜之時，有苗不服（有苗又稱三苗，是當時之少數民族），禹將伐之，舜曰：'不可。上德不厚而行武，非道也。'乃修教三年，執干戚舞（干戚指盾牌與大斧），有苗乃服。"這是手執兵刃跳戰爭之舞，即進行大規模戰爭演練，迫使對方降服之例證。

二、公元前六世紀曾有田穰苴奉齊景公之命嚇退晉、燕兩國軍隊之事件。《史記·司馬穰苴列傳》載，田穰苴"文能附衆，武能威敵"，受命後，身負重任，整飭軍紀，大有戰必勝、攻必取之氣概，尤其是他果斷誅殺了國君寵臣莊賈，使晉、燕軍首領聞之大驚，遂率軍迅即退出齊國。

故上兵伐謀①，其次伐交②，其次伐兵③，其下攻城。攻城之法爲不得已④。修櫓轒轀⑤，具器械⑥，三月⑦而後成；距闉⑧，又三月而後已。將不勝其忿而蟻附之⑨，殺士三分之一，而城不拔者，此攻之災也⑩。故善用兵者，屈人之兵而非戰也⑪，拔人之城而非攻也⑫，毀人之國而非久也⑬。必以全爭於天下⑭，故兵不頓⑮而利可全，此謀攻之法也。

【校注】

①上兵伐謀：用兵作戰之上策爲以謀略勝敵。上兵，上等用兵之法。伐謀，即以謀略制勝對方。此處之"伐"意爲砍伐、打破，引申爲討伐、攻打。曹操注："敵始有謀，伐之易也。""敵始有謀"指設法了

解敵方興兵作戰的最初動因。趙注本云："以謀攻人者，老成持重，制勝萬全，攻期於無殺，不戰不殺，人自服耳。"意指破壞敵將計畫，沮喪敵軍意志等。另一説，"伐"通"發"，開發、運用之意。後面的伐交、伐兵似合於此説。

②伐交：一説，以外交手段瓦解敵國與他國的結盟，使其孤立乃至屈服。所謂"伐謀者去其主，伐交者去其助"（清彭蘊章語）即指此。王晳注："謂未能全屈敵謀，當且間其交，使之解散，彼交則事鉅敵堅，彼不交則事小敵脆也。"趙注本云："剪其羽翼，以孤其勢。"孟氏注："交和強國，敵不敢謀。"鄭友賢《遺説》云："破謀者，不費而勝；破交者，未勝而費。"均合此説。又見本書《九地篇》："威加於敵，則其交不得合。"意謂以武力作後盾，用外交手段破壞對方結盟。另一説，炫耀己方之武力，震懾對手，使其知難而退。《左傳·文公十二年》載："秦以勝歸，我何以報，乃皆出戰，交綏。"指公元前615年，秦欲攻晉，晉嚴陣以待，秦軍自知攻擊無望，乃退兵。上兩説均通。也有學者將"伐交"解讀爲屯兵於城郊，使對方盟友不敢或不能來援。理由爲古時"交"同"郊"，此説待考，姑存之。

③伐兵：通過軍隊間交鋒一決勝負。照現代學者的解説是郊區野戰。

④攻城之法爲不得已：在軍事技術條件低下之時代，強攻敵方城寨，費力大而收效微，故孫子視之爲下策，只在不得已時才爲之。《竹簡》本無"爲不得已"四字，有學者臆爲後人所加。此説無據可考，暫存。

⑤修櫓轒(fén)轀(wēn)：修，製造。櫓，古時用以偵查與攻城用之高臺（或高車）。轒轀，古代兵車之一種，用於攻城。杜牧注："轒轀，四輪車，排大木爲之上，蒙以生牛皮，下可容十人，往來運土填塾，木石所不能傷，今俗所謂木驢是也。"

⑥具器械：準備攻城所需之器械如飛樓、雲梯之類。曹操注："器械

者,機關攻守之總名,蜚樓、雲梯之屬。"具,準備。

⑦三月:一説費時約三月,另一説費時很久。本書從前説,因孫子時空觀念較强。

⑧距闉(yīn):此處指環城土山,即堆積與對方的城牆平行之土壘。距,本意指雄雞、雉等蹠(zhí)後面突出如腳趾部分,引申爲突起、堆積。"闉",同"堙",意爲堵塞。

⑨將不勝(舊讀 shēng)其忿而蟻附之:意謂主將極爲忿怒地驅趕士兵如螞蟻般地去爬牆攻城。勝,克制、制服。不勝指難以控制。忿,忿懣(mèn)、惱怒。蟻附之,如螞蟻附於物。蟻,螞蟻。有學者考證,此處的蟻即《墨子・蛾傳》之"蛾",可參。曹操注:"使士卒緣城而上,如蟻之緣牆。"

⑩此攻之災也:攻,此處指攻城。此句意謂:這便是攻城的災害。《竹簡》本"災"作"菑",乃"栽"之省,古通"災"。

⑪屈人之兵而非戰也:《竹簡》本"屈"作"詘",古通。能使敵人屈服而非以作戰方式。

⑫拔人之城而非攻也:指奪取敵方城邑不靠硬攻之辦法。

⑬毀人之國而非久也:《竹簡》本"毀人"作"破人"。吞滅敵之國不需曠日持久。

⑭必以全爭於天下:一定要以全勝爲目標與對方爭高下。天下,古時指中國範圍内全部疆土。由於其時的吳國爭做霸主,故孫子以爭天下言之。

⑮頓:通"鈍",不鋒利,引申爲受挫折。"兵不頓而利可全"意爲:如此做的結果,軍隊不受挫折而勝利可圓滿獲得。

【疏解】

櫓,有兩説。一説,此處之櫓同於《作戰篇》所云"蔽櫓"。依曹注爲大盾,即用作遮罩的大盾牌,於大木輪類巨物外蒙以生牛皮。《左傳》襄公十年:"蒙之以甲,以爲櫓。"另一説,櫓同"樓櫓"或"樓樐"

（《說文》：“‘櫓’或作‘樐’”），古時軍中用以偵察、防禦或攻城之高臺，又稱望樓。《後漢書·公孫瓚傳》：“今吾著營，樓櫓千里。”《三國志·吳志·朱然傳》：“起土山，鑿地道，立樓櫓臨城，弓矢雨注。”鑒於本篇篇名爲《謀攻》，將櫓解爲攻城器械“樓櫓”似較爲善，前一說備考。

故用兵之法：十則圍之，五則攻之，倍則分之^①，敵則能戰之^②，少則能逃^③之，不若則能避之^④。故小敵之堅，大敵之擒^⑤也。

【校注】

① 倍則分之：我方兵力比對方兵力多一倍，則應分散敵人，再尋求交戰。

② 敵則能戰之：假若與敵兵力相當，則應與之戰。敵，此處訓“匹”，即對等、相當或勢均力敵。曹操注：“己與敵人衆等，善者猶當設伏奇以勝之。”李筌注：“主客力敵，惟善者戰。”

③ 逃：一說與“挑”字通，挑逗，侵擾。另一說，此處“逃”與下文中之“避”同義，即主動退出戰鬥，但非消極逃遁。曹操注：“高壁堅壘，勿與戰也。”若從此義，與後文“不若則能避之”重複，故暫從前說。

④ 不若則能避之：言兵力不及對方，應引兵避之。梅堯臣注：“勢力不如，則引而避。”張預注：“兵力謀勇皆劣於敵，則當引而避之，以伺其隙。”

⑤ 小敵之堅，大敵之擒：弱小之軍隊若不自量力一味堅守硬拼，勢必會成爲强大對手之俘虜。“小敵之堅”，“之”在此猶“若”也，如《左傳·宣公十二年》：“楚之無惡，除備而盟，何損於好？”（楚人若無惡意而來，有戒備而去同楚結盟，對雙方和好有何損害？）此處即以“之”爲“若”。堅，堅守或固守。“大敵之擒”，“之”在此同

於“則”，如《左傳·僖公九年》：“東略之不知，西則否矣。”（是否向東征伐還不知道，攻打西邊則不可能了。）此處“之”與“則”互文。

【辯證】

關於“倍則分之，敵則能戰之”有兩説，一説，分，指奇正。曹操注：“以二敵一，則一術爲正，一術爲奇。”其他各家亦多以此爲解。《後漢書·袁紹傳》更有“敵則能戰”之語。另一説，不贊同此解，如杜牧注：“此言非也。……夫戰法，非論衆寡，每陳皆有奇正，非待人衆然後能設奇。項羽於烏江，二十八騎尚不聚之，猶設奇正，迴圈相救，況其於他哉！”結論是贊同“倍則戰”。經查，《史記·淮陰侯列傳》確有“吾聞兵法：‘十則圍之，倍則戰’”之説。《孫臏兵法·威王問》亦有“營而離之，我並卒而擊之”之説（意爲：迷惑並分散敵人，集中兵力打擊敵人）。鑒於此，有學者建議此句應改爲“倍則戰之，敵則能分之”。筆者以爲：關於“分”與“倍”，究竟設何處爲宜，不單屬理解之差異，更涉及原文之更動，宜慎重。另則，由於戰爭的發展變化，戰爭規律與戰爭指導規律亦在變化，有關某些戰術之應用，後世兵學與前賢持有異議屬情理之中。本書暫從前説。

“故小敵之堅，大敵之擒也”另有一解：小的對手如果能集中兵力，即使大的對手也可擒獲。有學者引證《荀子·議兵》“是事小敵毳（cuì）則偷可用也，事大敵堅則渙焉離耳”以爲佐證。經查，荀子所言，是針對了齊國之“無本賞”（只看是否斬獲敵人首級來進行獎賞，而不問戰事之勝敗）而言，認爲此等單純用賞賜辦法，面對小戰役或弱敵，還勉強可以；如遇强敵或大戰役，便難免軍心渙散，四處奔逃。此處之“事小敵”與“事大敵”，同《孫子》中説的作爲用兵方式的“小”敵之堅戰與“大”敵之擒獲，似有不同。可再酌。

夫將者，國之輔[①]也。輔周[②]則國必强，輔隙[③]則國必弱。

【校注】

①輔:輔木,"輔"本意爲車輪外旁增縛夾轂(gǔ,車輪中心之圓木,周圍與車輻一端相接,中有圓孔,用以插軸)。《老子·十一章》:"三十輻,共一轂。"又,《詩經·小雅·正月》云"無棄爾輔",指不要丟棄你的夾轂木,加強你的車内輻之二直木,用以增強輪輻載重支承力。這裏引申爲輔助、輔佐或助手。

②周:密也,圓滿之謂。

③隙(xì):空隙,引申爲隔閡、溝通不暢。此處指輔佐不周到,有瑕隙。

　　故君之所以患於軍者①三:不知軍②之不可以進而謂之③進,不知軍之不可以退而謂之退,是謂縻軍④;不知三軍之事而同⑤三軍之政者,則軍士惑矣;不知三軍之權而同三軍之任,則軍士疑矣。三軍既惑且疑,則諸侯之難至矣,是謂"亂軍引勝"⑥。

【校注】

①故君之所以患於軍者:意指國君可能使軍隊受到禍害的情況。《竹簡》本"患"下無"於"字,疑似脱漏。六朝抄本"君"上無"故"字,原因待察。劉寅本將"君"、"軍"倒置,變作"故軍之所以見害於國君者",似不妥,因此處指君主爲患於軍,而非軍爲患於君主。今仍依《十一家注》本。

②軍:即三軍,泛指軍隊。春秋時期,大國諸侯皆設三軍,如晉稱上、中、下三軍,楚稱左、中、右三軍。

③謂之:告訴它,命令它。

④縻(mí)軍:束縛軍隊。縻,本意爲牛韁繩,引申爲羈縻、束縛。

⑤同:干涉、干預。畢以珣《孫子叙錄》:"'同'有覆冒(籠罩、覆蓋。——筆者)之意也,'同三軍之政'"、"'同三軍之任'者,猶言

奄(覆蓋。——筆者)有其政,奄有其任也。”“同三軍之政”、“同三軍之任”是干涉軍隊行政、干預軍隊指揮之意。“不知三軍之事而同三軍之政”,《竹簡》本僅存“知三軍”三字,難以確認屬該句或下句。《十一家注》“政”下有“者”字。案:此句句型與下句同,而下句並無“者”字。故依《武經》本刪之,以與下句同例。

⑥亂軍引勝:擾亂自己的軍隊,將勝利送給對方。引,引導、導致,一説奪取、喪失。從後説。曹操注:“引,奪也。”

故知勝有五:知可以戰與不可以戰^①者勝,識衆寡之用^②者勝,上下同欲者勝^③,以虞^④待不虞者勝,將能而君不御^⑤者勝。此五者,知勝之道^⑥也。

【校注】

①知可以戰與不可以戰:指可以戰還是不可以戰。《竹簡》本作“知可而戰與不可而戰”。《武經》本作“知可以與戰不可以與戰者勝”。“而”同“以”。

②識衆寡之用:懂得兵力多與少之靈活運用。張預曰:“用兵之法,有以少而勝衆者,有以多而勝寡者,在乎度其所用而不失其宜,則善。”“識”,《竹簡》本作“知”,意同。

③上下同欲者勝:有兩解:一曰,君主與下屬有相同之欲望者(即“同心”)能獲勝。曹操注:“君臣同欲。”二曰,將領和士卒有相同之欲望者獲勝。張預注:“百將一心,三軍同力,人人欲戰,則所向無前矣。”兩説皆通。欲,欲望、欲求。

④虞:預料,意料、料想。

⑤將能而君不御:將領指揮才能强而君主不加牽制。御,駕御,引申爲干預、牽制。《淮南子·兵略訓》:“將已受斧鉞,答曰:‘國不可從外治也,軍不可從中御也。二心不可以事君,疑志不可以應敵。’”《尉繚子·武議第八》:“夫將者,上不制於天,下不制於地,

中不制於人。……將者,死官也。"(死官指出生入死、經歷危難之官吏。)

⑥知勝之道:認識、把握取勝之規律。道,規律,方法。

故曰:"知彼知己①者,百戰不殆②;不知彼而知己,一勝一負③;不知彼,不知己,每戰必殆。"

【校注】

①知彼知己:既知對方又知自己。《竹簡》本作"故兵知皮知己",疑傳抄有誤。知,通"智",古代典籍中兩者通用,如《墨子·經說下》"逃臣不智其處","智"即"知";《論語·雍也》"知者樂水","知"即"智"。

②殆:危險,危殆,不安;轉意爲失敗。

③一勝一負:勝負之可能性各半。

【疏解】

《孫子》名言"知彼知己,百戰不殆",歷代注者多有解讀。李筌云:"量力而拒敵,有何危殆乎。"梅堯臣云:"彼己五者盡知之,故無敗。"張預云:"知彼則可以攻,知己則可以守,攻是守之機,守是攻之策;苟能知之,雖百戰不危也。"趙本學更有盛讚孫子"知彼知己"之語:"始終以持重萬全爲戒,無一言詭譎之術,聖賢用兵之道,不過如此。"又云:"君之用將,將之用兵,萬全之理,舍孫子,其孰能言之哉。"毛澤東則從辯證唯物主義認識論的高度來評價孫子此語,説:"中國古代大軍事家孫武子説的'知彼知己,百戰不殆'這句話,是包括學習和使用兩個階段而説的,包括從認識客觀實際中的發展規律,並按照這些規律去決定自己行動克服當前敵人而説的;我們不要看輕這句話。"(《毛澤東選集》第一卷,人民出版社 1986 年版,第 166 頁)

需要説明的是,"知己"和"知彼"是指知曉敵對雙方的基本情況,而不是同戰爭有關的全部狀況。實際上,除"彼"、"己"之外,尚有天候、地利等環境因素。故此，在《地形篇》中，他又補充說："知吾卒之可以擊，而不知敵之不可擊，勝之半也。知敵之可擊，而不知吾卒之不可擊，勝之半也。知敵之可擊，知吾卒之可以擊，而不知地形之不可以戰，勝之半也。故知兵者動而不迷，舉而不窮。故曰：知彼知己，勝乃不殆，知天知地，勝乃可全。""不殆"與"全勝"也是兩個相互聯結而又有區別的概念，"不殆"指不會失敗，但不敗不等於全勝。要達於全勝，照孫子所言，尚需有相關條件之配合。

至于如何做到"知彼知己"，孫子親自參與的吳楚柏舉之戰似可爲範例。此戰役在《左傳・定公四年》有載，參照其它歷史資料，簡述於下：

春秋末，我國境内南方之楚與北方之晉對峙已久。遠處東南之吳屢受晉國提攜，晉國採取"聯吳制楚"方略，將吳國推向前沿；而吳也圖謀乘勢而起，於是吳楚交惡釀成。然而，吳小楚大，吳若與楚爭霸，須有充分準備及周密的計算。所謂準備，即如孫子所說，政策與措施須全部走上軌道，亦即他所說之"道"。

事實是，當孫武受吳王重用後，與伍子胥一起，勵精圖治，大力革新吳之軍備與農稅制度。幾年後，糧食盡收，府庫充盈，交通暢運，民生安定，吳之實力大增。

有實力後，要統兵作戰，還需選"時"。公元前 512 年，吳王首次動議伐楚。孫武建議曰："大同行兵之法，在於先除内患，而後方可外征。"他所指内患是叛吳降楚之掩余與燭庸。此二人本係吳之諸公子，奉吳王僚之命先行伐楚。攻楚期間，吳宮廷有變，吳王僚爲闔閭所殺，二人不敢回，遂降楚，受封於舒城（今安微廬江西南）。吳王採納孫武建議，派孫武、伍子胥率衆西征攻克舒城，先誅殺掩、燭二將。一戰而勝後，吳王欲乘勝進軍，直搗楚之都城郢（Yǐng，今湖北江陵西北）。孫武等人又勸阻說："楚地廣兵强，難於一舉攻克；且吳軍連日征戰，疲勞已極，伐楚之事應從緩。"吳乃罷兵。

此後，吳軍實行機動性戰略進攻，先後佔領楚地灊、六，圍攻豫章，並拿下楚之居巢（灊，灊邑，今安徽霍山縣東北之潛城；豫章，今河南潢川東；居巢，今安徽六安縣東北），使楚軍首尾難顧，疲於奔命。吳王好大喜功，聞訊後又欲一鼓作氣，攻下楚國。但此議再次被孫武制止。理由是：楚軍雖敗，卻元氣未損；如欲戰必勝，攻必克，須待楚國內生亂。

兩年後，時機降臨。與吳接壤的唐、蔡兩小國向楚敬獻禮品，使臣遭羞辱，且被囚禁，蔡與楚失和，並轉而與吳結盟。吳借機以救蔡爲名，出師伐楚，成爲孫武所選的攻擊時機。

再看攻擊地點及進軍路綫，亦即“地”。吳軍伐楚，率師入楚境，先沿水路，溯淮河西上，走捷徑，發揮吳水師之長。當吳、蔡、唐三國聯軍編制就緒後，孫武突變更路線，捨舟登陸，迅即通過大別山與桐柏山之間的大隧（黃峴關）、直轅（武勝關）、冥阨（平靖關）三隘口，直插楚縱深。伍子胥不明，問其所以，孫武答：用兵作戰，最貴神速。又云：惟有如此，方可使敵措手不及；況我逆水行舟，速率遲緩，楚軍必乘機而備，到那時，我軍便難以破敵。

果然，聯軍夕發朝至，楚軍猝不及防。其首領囊瓦傳令三軍，輕率渡漢水，尋求與吳軍決戰。吳軍將計就計，用“誘敵”與“誤敵”種種計謀，接連與楚軍接觸三次，使楚軍“三戰皆不利”，後被誘至大別山的柏舉地區與聯軍展開對決。

柏舉決戰，楚軍大敗。吳軍乘勝追擊，十一天行軍七百里，五戰五捷，佔領楚國之都城郢，迫使楚王棄城南逃。吳軍三萬人勝楚軍二十萬之衆，吳聲威大振。《左傳》記載“五戰及郢”，《史記》所錄“西破强楚，入郢”皆指此。

不難看出，貫穿於此次戰役中的指導綫索，正是《孫子》中强調的知彼知己。

尉繚子有言：“有提十萬之衆，而天下莫當者誰？曰桓公也（指齊桓公。——筆者）。有提七萬之衆，而天下莫當者誰？曰吳起也。有提三萬之衆。而天下莫當者誰？曰武子也（指孫武。——筆者）。”

司馬遷在《史記·孫子吳起列傳》中亦云：“西破强楚，入郢，北威齊晉，顯名諸侯，孫子與有力焉。”日本有學者更把孔子、孫子並尊爲“兩聖”，評價説：“孔夫子，儒聖也；孫夫子者，兵聖也。”（參見張文儒《中華兵學的魅力——中國兵學文化引論》，北京大學出版社 2008 年版，第 35—38 頁）

形　篇

【題解】

　　《形》是《謀攻》之進一步展開。《周易·繫辭上》曰:"形乃謂之器。"孔穎達曰:"體質成器,是謂器物,故曰形乃謂之器,言其著也。"可知,形,指外在形式,即形象或形體。曹操與趙本學注《孫子》時亦從此說,並引申其爲敵對雙方聯動態勢之顯現,認爲:戰爭中所說形指陣形、陣法,亦即排兵佈陣之法。(《十家注》曹操注:"軍之形也,我動彼應,兩敵相察,情也。"趙注本《軍形第四》:"形者,情之著也,勝敗之征也。")本篇中,孫子貢獻出"決積水於千仞之谿者,形也"、"先爲不可勝,以待敵之可勝"、"勝兵先勝而後求戰"等重要戰略構思,還提出了"併力"、"料敵"、"取人"等戰術原則。

　　孫子曰:昔之善戰者①,先爲不可勝②,以待敵之可勝③。不可勝在己,可勝在敵④。故善戰者,能爲不可勝,不能使敵之可勝⑤。故曰:勝可知而不可爲⑥。

【校注】

　　①昔之善戰者:昔,從前,往日,與"今"相對。此句意謂:往日善於作戰之人。《詩·小雅·采薇》:"昔我往矣,楊柳依依;今我來思,雨雪霏霏。"《竹簡》本"昔"下無"之"字。

　　②先爲不可勝:此句意謂:先創造條件,使之不被對方戰勝。爲,造

成、創造。"不可勝"之"勝"表示被動,即我方不可能被對方戰勝。張預注:"兩軍攻守之形也。隱於中,則人不可得而知;見於外,則敵乘隙而至。形因攻守而顯,故次謀攻。"此處之"形",指雙方攻守態勢之外在顯現。

③以待敵之可勝:意謂等待敵方可被我戰勝之時機。待,等待、捕捉。

④不可勝在己,可勝在敵:創造不可被對方戰勝之條件,是我方主觀努力之所及;而對方是否果能被我方戰勝,需視對方是否給我機會。

⑤能爲不可勝,不能使敵之可勝:能夠創造自己不爲對方所勝之條件,而不能設想敵人一定會提供被我戰勝之機會。

⑥勝可知而不可爲:勝利可預測,卻不可以强行求得。鄭友賢《遺說》:"勝可知而不可爲者,以其在彼者也。"《竹簡》本作"勝可智□不可爲也"。

【疏解】

　　《孫子》的前四篇,多次出現"知"字。最末一篇,又特別強調:"故明君賢將,所以動而勝人,成功出於衆者,先知也。""知"這一詞,在《孫子》書中,是基本理念,或稱《孫子兵法》之脊樑。

　　不可勝者,守也①;可勝者,攻也。守則不足,攻則有餘②。善守者,藏於九地之下③;善攻者,動於九天之上④,故能自保而全勝⑤也。

【校注】

①不可勝者,守也:使敵不能勝我是屬於防守方面之事。此處之"不可勝者"與前説"不可勝"義同。曹操注:"藏形也。"杜牧注:"言未見敵人有可勝之形,己則藏形,爲不可勝之備,以自守也。"

②守則不足,攻則有餘:採用防守,是由於己方兵力處劣勢;採取進

攻,則是因爲己方兵力佔優勢。曹操注:"吾所以守者,力不足也;
所以攻者,力有餘也。"此句《竹簡》本作"守則有餘,攻則不足",
與上述行文相異。可能後人輾轉傳抄有誤,或原文確如竹簡所
記。若爲後者,似亦合古人説法,如《潛夫論·救邊》便有"攻常
不足,而守恒有餘也"之論。

③善守者,藏於九地之下:善於防守者,能深深隱蔽自己兵力於各種
地形之下。古人用"九"表示數之極限,形容其多。汪中《述學·
釋三九篇》云:"古人措辭,凡一二所不能盡者,均約以三以見其
多;三之不能盡者,均約之以九以見其多。"又云:"三者,數之成
也,積而至十,則復歸於一;十不可以爲數,故九者,數之終也。"是
以古人行文,常以"九"以狀其極。"九地之下"云其深藏不露,外
人難以知曉也。杜牧注:"守者,韜聲滅跡,幽比鬼神。"梅堯臣注:
"九地,言深不可知;九天,言高不可測。"此句《竹簡》本作"昔善
守者,臧九地之下","臧"同"藏"。

④善攻者,動於九天之上:善於攻擊者,能使自己兵力如神兵天降,
躍動於各種天候之中。九天,言高之極也。杜牧注:"攻者勢迅聲
烈,急若雷電,如來天上,不可得而備也。"李筌引《天一遁甲經》
云:"九天之上,可以陳兵;九地之下,可以伏藏。"李白《望廬山瀑
布之二》亦有"飛流直下三千尺,疑似銀河落九天"之詩句。《竹
簡》本"動"上無"善攻者"三字。

⑤自保而全勝:先保全自己,後獲取全勝。張預注:"守則固,是自保
也;攻則取,是全勝也。"此句《竹簡》本作"故能自葆全□□"。
"葆"、"保"古通。

　　見勝不過衆人之所知①,非善之善者②也;戰勝而天下曰
善,非善之善者也。故舉秋毫不爲多力③,見日月不爲明目④,
聞雷霆不爲聰耳⑤。古之所謂善戰者,勝於易勝者也⑥。故善
戰者之勝也,無智名,無勇功⑦。故其戰勝不忒⑧。不忒者,其

所措必勝⑨，勝已敗者也⑩。故善戰者，立於不敗之地，而不失敵之敗也。是故勝兵先勝而後求戰⑪，敗兵先戰而後求勝⑫。善用兵者，修道而保法⑬，故能爲勝敗之政⑭。

【校注】

①見勝不過衆人之所知：預見勝利不超過一般人之識見。梅堯臣注："人所見而見，故非善。"見，預見。不過，不超過。知，認識。

②善之善者：言高明中之高明，優秀中之優秀。李筌注："爭鋒力戰，天下易見，故非善也。"張預注："見微察隱，取勝於無形，則真善者也。"

③舉秋毫不爲多力：言舉得起一根羽毛，算不上力大。多力，力多、力大之意。秋毫，鳥獸秋日新長之纖細羽毛。此處借喻爲極輕微之東西。

④見日月不爲明目：能看見日月算不得目明。"見"，《竹簡》本作"視"。

⑤聞雷霆不爲聰耳：能聽到雷霆之聲算不上耳聰。聰，聽覺靈敏。《莊子·外物》："耳徹爲聰。"《竹簡》本"聰耳"作"蔥耳"。

⑥勝於易勝者也：戰勝容易戰勝之對手。易勝者，指容易被戰勝之敵手。此處指對方顯露其弱點，我方確有把握去應對。《竹簡》本"勝"下無"於"字。

⑦故善戰者之勝也，無智名，無勇功：言善於作戰之人取勝，並不求顯露其智謀之名聲和赫赫戰功，只求於平凡中見功力。杜牧注："勝於未萌，天下不知，故無智名；曾不血刃，敵國已服，故無勇功也。"此爲一解。

⑧故其戰勝不忒：所以能戰勝對方而無任何差錯。忒（tè），失誤、差錯。不忒，無差錯。"故其戰勝不忒"，《竹簡》本作"故其勝不貸"，無"戰"字。"貸"字從"代"聲，"代"從"弋（yì）"聲，"忒"亦從"弋"聲，二字可通假。

⑨其所措必勝：所有戰爭措施都必能戰勝對方。措，措施、措置。

⑩勝已敗者也：戰勝那些注定會被我打敗之人。

⑪勝兵先勝而後求戰：軍隊之所以勝利，總是先準備好取勝之條件，然後才去具體實施。勝兵，勝利之師。《尉繚子·攻權第五》"戰不必勝，不可以言戰；攻不必拔，不可以言攻"，與孫子意合。

⑫敗兵先戰而後求勝：軍隊之所以失敗，常由先貿然投入戰鬥，而後企求僥倖取勝。

⑬修道而保法：修明道義，確保法制。道，道義。張預注："先修飾道義以和其衆，後保守法令以戢（音 jí，止息，收藏）其下。"可參。案：有學者將"修道"解爲"修明政治"，有以現代語彙解讀古辭之嫌，不取。

⑭故能爲勝敗之政：所以能成爲勝敗問題上之主宰。"政"同"正"，主事者、主宰。《十一家注》"勝敗之政"，《竹簡》本作"故能爲勝敗正"。有學者以《管子·水地》"龜生於水，發之於火，於是爲萬物先，爲禍福正"、《老子·四十五章》"清淨爲天下正"爲據，認爲此處的"能爲勝敗正"可解釋爲能成爲勝與敗的主宰（至上的權威），故從《竹簡》本改。筆者以爲，"勝敗之政"與"勝敗正"意同，況各家論述主旨與方式當有別，不可以甲易乙，故以不改爲宜。

【辯證】

有學者對孫子所云"勝兵先勝而後求戰，敗兵先戰而後求勝"多有微辭，以此說並不科學，似乎有先驗論色彩。蘇聯科學院拉津教授在爲 1955 年俄譯本《孫子》寫的序言裏即持此觀點，他評論說："'勝兵先勝而後求戰，敗兵先戰而後求勝'，等於勝敗在開戰之前即已注定，而這實際上不曾有過，是一種空想。"（參見《孫子新探——中外學者論孫子》，解放軍出版社 1990 年版，第 335 頁）

其實，此非難未盡妥當。

一則，拉津之評論，是對《孫子》學說產生了誤解。《孫子》此段話的本意,在於强調行動前謀劃之重要。所謂"勝兵"、"敗兵"是指由於對謀畫取不同態度,會産生不同的動作取向,並招致不同結果而言。若計畫周全,可預斷有取勝之把握;若計畫不周,則反之。劉寅本有言:"勝兵先有必勝之形,然後求與人戰;敗兵先與人戰,然後求偶然之勝。"(《軍形第四》)當然,要能實際上取勝,還要有其他相關因素配合。由是,拉津教授之第一失誤是把公式等同於現實。

另則,戰爭之勝負雖不能事先完全確定,但也得承認,計畫周密與否,對戰爭結局有重大影響。正因此,雙方在戰前都力圖把握住對方真實情況,瞅準時機,付諸行動。趙注本在解讀《孫子》所云"先爲不可勝"時便説:"先據形勢之地,利糧餉之道,備守禦之具,明節制之法,内無可間之嫌,外無可乘之隙,則敵人千方百計,不能制我矣。"試想,若戰爭之勝與敗須等此戰臨近尾聲才看出,無異是對人的思維能力的低估與嘲笑。可見,拉津教授之第二失誤是對戰爭計畫本身之藐視。

【疏解】

孫子説:"舉秋毫不爲多力。"此處,又一次出現"力",值得玩味。

凡讀過《孫子》者,無一例外地讚賞《孫子》所説之"智",卻鮮有人評論其説的"力"。其實,他對戰爭中之"力"極爲重視。書中説:"兵非益多也,惟無武進,足以併力、料敵、取人而已。"(《行軍篇》)又説:"併氣積力,運兵計謀,爲不可測。"(《九地篇》)還説:"夫鈍兵挫鋭,屈力殫貨,則諸侯乘其弊而起,雖有智者,不能善其後矣。"(《作戰篇》)前兩段説的是集中兵力之好處;最後一段,是説缺少了"力"會招致何種可怕後果。

還有些篇章,雖未直接用"力"這個詞,卻通篇講"力"之作用,如《作戰篇》云:"凡用兵之法,馳車千駟,革車十乘,帶甲十萬,千里饋糧,則内外之費,賓客之用,膠漆之材,車甲之奉,日費千金,然後十萬之師舉矣。"顯見,無論"馳車"、"革車"、兵員、糧食,乃至武器之維修、保存等都是同一種"力"的不同表徵。

　　何爲力？指力量、實力。此種實力多半指物質條件(有時也包括精神，如戰士之精神戰力)，是作戰的基本條件，也是關係到戰爭可否進行及能否取勝之第一因素。或換言之，就戰略的觀點言，某場戰爭若取勝，依託於兩個最基本之因素，一爲力，二爲智。兩者緊密相關，缺一不可。杜牧曰："廟堂之上，計算已定，戰爭之具，糧食之費，悉已用備，可以謀攻。"(《謀攻篇》)此處之"計算"是智；"戰爭之具，糧食之費"等是力。認爲兩者齊備，可出兵。

　　孫子重力，更重力之使用，認爲戰爭中之力與智不可分割或孤立，應組成合力，相反相濟，相輔相成。實力愈雄厚，運用智謀之條件便愈好，實現目標之機會也愈多；反之，亦然。不過，他又提醒説，假如實力懸殊，或力的耗損過大，那就"雖有智者，不能善其後"了。力與智之關聯，照孫子之見，應是以力爲先，以智統力，以力養智，力智雙舉。

　　兵法①：一曰度②，二曰量③，三曰數④，四曰稱⑤，五曰勝⑥。地生度⑦，度生量⑧，量生數⑨，數生稱⑩，稱生勝⑪。故勝兵若以鎰稱銖⑫，敗兵若以銖稱鎰。勝者之戰民也⑬，若決積水於千仞之谿者⑭，形⑮也。

【校注】

　　①兵法：兵法指用兵之思路、路向、規範等。《武經》本和《十一家注》皆作"兵法"，《竹簡》本《形篇》(甲)、(乙)"兵法"皆作"法"，無"兵"字。原因不詳，未改。

　　②度：計量長短的標準，如丈、尺等，此處指土地面積即國土幅員之大小、多寡。賈林曰："度，土地也。"《淮南子·時則訓》："貢歲之數，以遠近土地所宜爲度。"

　　③量：容量、數量，泛指物資多寡。賈林注："量人力多少，倉廩虛實。"

　　④數：同本書《勢篇》之"分數"，指兵力組織、編制與調配之辦法。

⑤稱:衡量輕重。此處指雙方綜合實力之比較。王晳曰:"權衡也。"郭化若《孫子譯注》將"稱"解釋爲:"稱是指敵我雙方力量的對比,含義似較衡廣而深些。"(第117頁)此解可取。另,《禮記‧月令》云"(季春之月)蠶事既登,分繭稱絲效功",亦即以絲之多少分功之上下。

⑥勝:勝負優劣之實情。

⑦地生度:交戰雙方管轄之地域有差別,土地幅員大小(度)均不同。生,原意爲草木長出,引申爲發生、生出、化生、影響、關係等。

⑧度生量:土地幅員大小不同又可影響物質資源多少之"量"的差異。

⑨量生數:物質資源多寡還可影響參戰之軍隊數量及其組織、編制與調配。

⑩數生稱:兵力數量以及使用方式是否合理會影響到綜合軍事實力之強弱。

⑪稱生勝:綜合軍事實力之強弱對比又會影響到勝與負。又,關於"地生度,度生量,量生數,數生稱,稱生勝"這段話,有另一解:根據地形之險易、廣狹、死生等情況,做出利用地形之判斷;根據對戰地地形之判斷,得出戰場之容納限度,即戰場之容量;根據戰場容量大小,確定作戰部署兵力之數量;根據敵對雙方可能投入兵力之數量,進行衡量對比;根據雙方力量對比,判斷戰爭結局之勝與負。此種解讀僅供參閱。

⑫故勝兵若以鎰稱銖:所以勝兵對敗兵擁有實力上之絕對優勢。鎰(yì)、銖(zhū),古代之重量單位。一說"二十兩爲鎰"、"二十四銖爲兩",另一說"二十四兩爲鎰"。"故勝兵若以鎰稱銖",《竹簡》本無"故"字,兩"若"字均作"如",又"鎰"作"洫","銖"作"朱"。案:漢代字多以"洫"爲"溢",《莊子‧齊物論》:"以言其老洫也。"洫(xù),深也,意爲老而愈深;"老洫"亦作"溢",音

"逸"。簡文"氾（溢）"借爲"鎰"。"溢"通"鎰"，《史記・平準
書》："黃金以溢名，爲上幣。""朱"同"銖"。

⑬勝者之戰民也：戰勝一方所指揮之士卒。《尉繚子・戰威》："夫
　將（卒）之所以戰者，民也。"民，作"人"解，指參與作戰之士卒。
　"稱勝者戰民也"，此句各本皆無"稱"字，唯《竹簡》本《形篇》
　（甲）、（乙）本有之。

⑭若決積水於千仞之谿者：仞，古代長度單位，周制八尺爲仞，漢制
　七尺，東漢末演爲五尺六寸。此處仞當依周制。曹操注："八尺曰
　仞。"千仞，蓋喻其高也。張預注："水之性，避高而趨下，決之赴深
　谿，固湍浚而莫之禦也；兵之形象水，乘敵之不備，掩敵之不意，避
　實而擊虛，亦莫之制也。"谿（xī），山澗。決積水千仞之谿，指極高
　處的谿水飛流而下。

⑮形：軍事實力。《勢篇》曰："强弱，形也。"

【辯證】

　　"地生度，度生量，量生數，數生稱，稱生勝"數語，有兩點尚需討
論。一是，此處所用的"生"應作何理解，是"産生"或"得出"嗎？抑或
不是？二是最後一句"稱生勝"是"必然"會勝，還是可能致勝？

　　如上所言，對"地生度……稱生勝"之語，學界有兩解。一爲：敵我
所處地域不同，産生雙方土地面積大小不同之"度"；敵我土地面積大
小不同之"度"，産生雙方物産資源多少不同之"量"；敵我物産資源多
少不同之"量"，産生雙方兵員多寡不同之"數"；敵我兵員多寡不同之
"數"，産生雙方軍事實力强弱不同之"稱"；敵我軍事實力强弱不同之
"稱"，最終決定戰爭之勝負、成敗。另一爲：根據地形之險易、廣狹、死
生等情況，做出利用地形之判斷，即度；根據對戰地地形之判斷，得出
戰場之容納限度，即戰場之容量，即量；根據戰場容量大小，確定作戰
部署兵力之數量，即數；根據敵我雙方可能投入兵力之數量，進行衡量
對比，即稱；根據雙方力量對比，判斷戰爭結局之勝與負。

　　兩解,就字面論,皆有理。細推敲,仍有疑點。例如,一説,土地面積大小,"產生"物質資源之多少,物質資源多少,又"產生"養活兵員之數量……連鎖起來,結論則是:一國在戰爭中勝與敗,似乎最終決定於該國土地面積之大小,且可預知。如此解讀,有悖常理,因土地面積大小與物質資源的多少並非一概"正"相關;也有"逆"相關,如國土大不一定物產豐,國土小反而物產豐;同樣,兵員數量多不一定軍事實力強;有時數量少,却戰力很強。又如,第二説認爲"地"是指"地形的險易、廣狹、死生等情況",由此形成相應之地形判斷,又由此得出"戰場的容納限度"、"兵力部署數量"、"雙方力量的對比",最終判斷出"戰爭結局的勝與負"。其缺點也同前一解類似:似乎地形之好與差,戰場容量之大與小,能最終決定戰爭之勝與負,即勝與負在戰爭之前憑單一因素即可預知。

　　依筆者看,兩説之共同缺失,在於對《孫子》"地生度,度生量……"一語的"生"作了不當解説,誤以爲"生"是直接"產生"或"得出",其實,正確解説應是"某種聯繫"或"較多聯繫"。比方,國土面積大可能的情況是物產豐,但不排除在某些狀況下,國土面積小反而物產豐;同樣,軍隊數量多可能使得軍事力量強,但也不排除在另一些狀況下,軍隊數量少反而軍事力量強。至於國土面積大小、物產多寡以及軍隊數量等等與最終勝負之間的關係,更難一概而論,因爲戰爭之勝負,取決於多種因素的最佳組合。

　　對照《銀雀山漢墓竹簡【貳】》中對類似説法之解讀,則上兩説之漏洞更朗然於目,云:"軍隊人數多能取勝嗎? 儲備糧食多能取勝嗎?武器裝備優良能取勝嗎? 如其中某一項能單獨地決定戰爭勝負,那麼,戰爭中的勝負就變得十分容易,而且可以預先判斷。"(《論兵論政之類·客主人分》:"衆者勝乎? 則投算而戰耳。富者勝乎,則量粟而戰耳。兵利甲堅者勝乎? 則勝負易知矣!")依竹簡作者看,所有因素在戰爭中是否發揮作用及作用大小,都視具體情況之不同而不同。例如,敵人雖多,可以用人工辦法將其分開,這樣,"衆未居勝"。敵方糧食雖多,但假若民心不順或運輸能力有限,藏糧再多又有何用? 結果是"民有餘糧弗得食","故富未居安也,貧未居危也"。同樣,武器雖精,卻兵無鬥志,好武器也難以發揮大作用,"甲堅兵利不得以爲強,士有勇力不得以衛其將"(《銀雀山漢墓竹簡【貳】·論政論兵之類·客主人分》)。結論是:決定一場戰爭之勝負,是多種因素的最佳組合,絕不是取決於單一因素,且不説最終還取決於人對各因素的掌控與利用。

　　由此可知,"地生度"、"度生量"、"量生數"、"數生稱"、"稱生勝"這幾個排比句,是提示人們應從宏觀上把握國家經濟狀況與軍事實力之間的聯繫,以及軍事實力與戰爭結局之間的關係。它只提供一種思維模式供人們作通盤性的戰略思考,而不是具體的測算。因此,這裏的"生"應確切地解釋爲"有聯繫"、"有關係"而不是簡單的"産生"與"得出"。實際上,"生"這個詞之原意也不盡然是"産生"、"發生"之義,也還包括"演進"、"化生"等內容,如《説文》中便有"生,進也,象草木生出土上"之説,意思是:土中長出草木須有空氣、陽光、水分的配合,並非"土"單一因素決定。依據同理,"稱生勝"中的"生"也不是説軍事實力強便一定會勝,而只是説具備了取勝的物質基礎,有了取勝的可能。

　　穆志超《古本孫子正義》將"稱生勝"中"生"字解讀爲"意指經過敵我實力的對比,顯現出勝敗的可能性"(收入穆志超《孫子學文存》,第44頁)。此議甚佳,宜作爲以上解讀的旁證。

勢^① 篇

【題解】

《勢》,與《形》對應,爲《形篇》姊妹篇。形指具體物質形式,勢指運動中的物質所産生之力量與效能,如形勢、氣勢、態勢等,其功能在於使力量倍增。《考工記·弓人》"射遠者用勢",指彎弓射遠者必先造成强大之勢。王晳注:"勢者,積勢之變也,善戰者能任勢以取勝,不勞力也。"本篇集中論述軍事運動中之"審勢"、"順勢"以及在一定情況下之"造勢"等問題。它要求軍隊組織嚴密,部署合理,紀律嚴明("治衆如治寡"、"鬥衆如鬥寡");還要求將領高度發揮其靈活性,能"以正合,以奇勝"。

孫子曰:凡治衆^②如治寡,分數^③是也。鬥衆如鬥寡,形名^④是也。三軍之衆,可使必受敵^⑤而無敗者,奇正^⑥是也。兵之所加,如以碬^⑦投卵者,虛實^⑧是也。

【校注】

①勢:《竹簡》本作"埶","埶"爲"勢"之古字。以下凡《竹簡》本作"埶"而《十一家注》作"勢"者,不再出校。

②治衆:治理人數衆多之軍隊。治,治理。

③分數:軍隊按人數分級編制。分,指編制之層級劃分,如軍、旅、卒、伍;數,指各級編制之定員數額。《管子·七法》云:"若夫曲

制時舉,不失天時,毋曠(壙)地利。其數多少,其要必出於計數。"曹操注:"部曲爲'分',什伍爲'數'。"劉寅本:"分謂偏裨卒伍之分,數謂十百千萬之數。"均指部隊之組織編制。此處之"分數"類同於《計篇》中之"曲制"。

④形名:通"刑名"。形,物象。此處之形名專指古時軍隊使用之旌旗、金鼓等指揮工具。《說文》:"形,象形也。"形,指物質形體(實物、實際);名,名稱。《禮記·中庸》"必得其名",鄭玄注:"名,令聞也。"("聞"音"問"。——筆者)曹操注:"旌旗曰形,金鼓曰名。"

⑤必受敵:必,原意爲一定、定然,此處指"假使"。各本皆作"必",唯《竹簡》本作"畢"。對此有兩說,一說:"畢"代"必",王晳注:"必當作畢字,誤也。"二說:畢指所有的人,如張預注:"三軍雖衆,使人人皆受敵而不敗者,在乎奇正也。"後說似牽強,未改。

⑥奇正:奇,奇特;正,正規。

⑦碫(duàn):此字各本曾誤作"碬(xiá)",據孫校本考證,"碬"字是"碫"字之誤,碫是礪石,即磨刀石,此處泛指堅硬之石塊。《竹簡》本作"段","段"、"碫"古通。又,《說文》中"碫"亦作"厲石"解,如是,即"碫"同"碬"。

⑧虛實:指兵力的强弱部位。曹操注:"以至實,擊至虛。"

【疏解】

"奇"與"正"之原始涵義究竟指什麽?

有學者考證,《孫子》所謂"奇",淵源於古代戰爭中之"陷阱奇伏"(簡稱"奇伏"),是指於對方行軍路線上設下伏兵,使其落入"陷阱"。支持此說之旁證,如《呂氏春秋·義賞》之"繁戰之君,不足於詐",是說頻繁地發動戰爭的國君,對欺騙從不滿足。這裏出現過"詐"字。高誘對"詐"的注釋與"奇"相連,說:"詐者,謂詭變而用奇也。"又如,《公羊傳·哀公九年》也有"詐之也"之語,何休注釋爲"詐,謂奇伏之類也”，亦是將“詐”與“奇”相連。若將兩例相互印證，結論即：在先秦兵學裏，“奇”與“詐”屬同一序列之概念。不過，在我看來，《孫子兵法》雖然也有對“奇”與“詐”之位置相一致之説法（如《計篇》有“兵者，詭道”之説，《軍爭篇》中又有“故兵以詐立”之句），但對於“詭詐”與“奇正”的論述方向仍有細微之差別，前者多指具體戰法，後者則除用於具體戰法外，還着重表現於戰略思考。這表現在孫子對出奇制勝有過較多的理論發揮，如他説“故善出奇者，無窮如天地，不竭如江河”、“奇正之變，不可勝窮”等。後面這些論述給人以醒示，詭詐屬於具體戰法，而奇正則不同，除具體戰法外，還賦有更寬泛的意義及哲學涵義。

爲印證此一見地，有必要將歷代學者對孫子“奇”與“正”之解讀作簡要之梳理。

孫子所謂“奇”、“正”似含三層意思。一、具體戰法。“正”指正面迎敵，“奇”指迂回或側擊。在正面迎戰之同時，或搗其旁，或擊其後，便叫以奇制勝。曹操注“正者當敵，奇兵從旁擊不備也”（《十一家注》），即指此。二、將“奇”、“正”含義擴展開來，作爲通行的軍事術語，如在軍隊部署上擔任警戒、守備的部隊爲“正”，擔任突擊的爲“奇”；在作戰方式上，正面攻擊爲“正”，迂回側擊爲“奇”；明攻爲“正”，暗襲爲“奇”；按一般原則作戰爲“正”，根據具體情況採取特殊的作戰方法爲“奇”（參見郭化若《孫子譯注》，第121頁）。三、以用兵方式之對應性解之。凡在戰爭中使用與對方相同之作戰方式，叫“正兵迎敵”；凡使用同對方相反，卻又能制約對方的那樣一種用兵方法，叫“以奇用兵”。持這一觀點者如《銀雀山漢墓竹簡【貳】》及唐代李世民。前者云：“同不足以相勝也，故以異爲奇。”並舉例説：“靜爲動奇，佚爲勞奇，飽爲飢奇，治爲亂奇，衆爲寡奇。發而爲正，其未發者奇也。”（《銀雀山漢墓竹簡【貳】·論政論兵之類·奇正》）後者曰：“以奇爲正者，敵意其奇，則吾正擊之。以正爲奇者，敵意其正，則吾奇擊之。”（《唐太宗李衛公問對》卷中）後兩説涵義之優點在於深切地把握住了奇正的異同關係以及在一定情況下轉化之可能,從而賦予奇與正以哲學意味,在實際操作時有想象的空間。

戰勢之奇與正,雖始見於中國古代軍事家孫子,但此種思維在老子著作裏卻得到更高、更概括之評價。老子説"以正治國,以奇用兵"(《老子·五十七章》),將治國與治軍之差異一語道破。由是,我國先秦、兩漢、三國,直至明清,將以奇用兵的思想一以貫之,形成中國傳統軍事學中一項不可或缺之內容。

外國軍事學家對孫子奇正之説評價亦高,如美國《軍事戰略》一書説:"孫子在許多世紀前就指出:'戰勢不過奇正,奇正之變,不可勝窮也。'根據計劃、壓力或意外的時機等情況……聰明的戰略家應儘量依靠一切可以想象的方法,避免要付出重大代價的正面攻擊,力求在決定性的時間與地點部署毀滅性的力量,力求迅速達到重要的目的。"(美國陸軍軍事學院編,軍事科學院外國軍事研究部譯《軍事戰略》,軍事科學出版社 1986 年版,第 77 頁)該書把"奇正"直接解讀爲"機動",大體上符合作者原意。

凡戰者,以正合,以奇勝①。故善出奇者,無窮如天地,不竭如江河②。終而復始,日月是也③;死而復生④,四時是也。聲不過五,五聲⑤之變,不可勝⑥聽也;色不過五,五色⑦之變,不可勝觀也;味不過五,五味⑧之變,不可勝嘗也;戰勢⑨不過奇正,奇正之變,不可勝窮⑩也。奇正相生⑪,如循環之無端⑫,孰能窮之?

【校注】

①以正合,以奇勝:以正兵交合,以奇兵取勝。合,會和、接敵、交戰。梅堯臣注:"用正合戰,用奇勝敵。"李筌注:"戰無其詐,難以勝敵。"趙注本:"長短相參,步數相應,其行陳務堅密,其器杖尚拒禦;進不速趨,退不踰列,但主自守,不求勝人,此正兵之用也。佈

陣取便於地,器械取便於戰,出入緩急取便於時,步騎多寡取便於將,此奇兵之用也。"

②善出奇者,無窮如天地,不竭如江河:言善於出奇制勝之將帥,其奇如天地萬物之運行不息,又如滔滔江河之奔流不止。劉寅本:"無窮如天地之久,不竭如江海之深。"孫校本謂"善出奇者"應作"善出兵者",並以《書鈔》爲據,但所查不實,故不取。"不竭如江河",《竹簡》本作"無謁(竭)如河海"。"江河"與"河海"義近,疑抄誤。

③終而復始,日月是也:如太陽與月亮之晝夜不停運轉,落下又升起。

④死而復生:言四時更迭,去而復來。

⑤五聲:中國古代五個音階,即宮、商、角、徵(zhǐ)、羽,合稱五聲或五音。其中,宮、徵有變宮、變徵,與現代簡譜之七音階基本相同。

⑥勝(shēng)聽:聽不盡也。勝,盡,如"不可勝數"。《孟子·梁惠王上》:"穀不可勝食也。"聽,賞聽。

⑦五色:中國古代以青(藍)、赤(紅)、黑、白、黃五色爲正色,其餘混合而成之色稱間色。李筌注:"青黃赤白黑也。"

⑧五味:古代稱酸、苦、辛、鹹、甘爲五味,其中辛即辣,甘即甜,李筌注:"酸辛鹹甘苦也。"

⑨戰勢:指作戰一方所處之態勢,包括地形、地貌之選擇與兵力部署等。

⑩勝窮:窮盡。

⑪奇正相生:奇與正相互變換。相生,相互變化。劉寅本:"戰陣之勢,不過奇與正而已,至於奇正權變之道,不可盡窮究也。""奇正相生",《竹簡》本作"奇正環相生"。

⑫循環之無端:環之無端指奇正變化像環那樣無始無終,永無盡頭。環,原指玉器,因其爲圓形並中間有孔,故稱環,轉意爲圍繞和旋

轉。“奇正相生,如循環之無端”之句,《武經》本、孫校本作“奇正相生,如循環之無端”,《竹簡》本作“奇正環(此環字疑爲衍文)相生,如環之毋端”。古“毋”與“無”通。有學者疑“循”字爲後人所增,故删之。筆者以爲,“循環”爲動賓結構,意謂沿環而行,義通,姑存之。

　　激水之疾[1],至於漂石[2]者,勢也。鷙鳥之疾[3],至於毁折[4]者,節也[5]。是故善戰者,其勢險,其節短[6],勢如彍弩[7],節如發機[8]。

【校注】

①激水之疾:流水湍急飛速奔瀉。疾,急速,在此作奔流解,意爲疾走。“激水之疾”,《竹簡》本無“激”字,疑是傳抄有誤。各本皆有“疾”,故存之。

②漂石:漂走石頭。漂,浮、漂移,訓“蕩”,摇、沖走。

③鷙鳥之疾:鷙鳥迅速猛擊。鷙(zhì)鳥,猛禽,如鷹、雕、鷲類。《説文》:“鷙,擊殺鳥也。”《淮南子·覽冥訓》:“鷙鳥不妄搏。”“疾”,《御覽》卷二八二作“擊”。查《六韜·發啓第十二》“鷙鳥將擊,卑飛斂翼;猛獸將搏,弭耳俯伏”,又查《史記·越王勾踐世家》“鷙鳥之擊也,必匿其形”,再參照曹操、杜牧、杜佑、張預、何氏等注,皆以“搏”、“擊”爲解。兩説均可,似以“擊”解義長。

④毁折:撲殺。言擒殺鳥雀也。

⑤節也:意爲節奏短促有力,指鷙鳥在捕獲小動物時善於掌握搏擊時機。曹操注“發起擊敵”,即是。又,《説文》“節,竹約也”,謂竹節如纏束之狀。再有《易·序卦》“其於木也,爲堅多節”,謂一棵樹分許多節,使其更牢固與堅實。此處擬可訓爲能節量遠近距離之度數。劉寅本:“節者,節量其力,必至其處,使不失也。”

⑥其勢險,其節短:言所造成之態勢險峻,所把握之節奏短促有力。

險,險峻。短,短促。劉寅本:"故善戰者,其勢險,勢險則難禦;其節短,節短則易勝。"張文穆解:"激水漂石,鷙鳥搏擊,張弩發機各事爲喻,藉以説明勢險節短,動不可當,發必中的。"(《孫子解故》,第 161 頁)。

⑦彉(kuò)弩:滿弩,指張滿待發之弓弩,喻勢之力强且一觸即發。"彉"同"彍",《説文》:"彍,弩滿也……讀若郭。"弩,《説文》"弩,弓有臂者",用機械力射箭之大弓。

⑧發機:觸發弩機。弩機指弩之機件,青銅制,裝置於木弩臂之後部,上有"懸刀"作爲扳機,扣動之,可有力地將箭射出。

　　紛紛紜紜①,鬥亂而不可亂也②。渾渾沌沌③,形圓④而不可敗也。亂生於治,怯生於勇,弱生於彊⑤。治亂,數也⑥。勇怯,勢也⑦。彊弱,形也⑧。故善動敵者,形之,敵必從之⑨;予之,敵必取之。以利動之,以卒待之⑩。

【校注】

①紛紛紜紜:言旌旗翻飛之混亂貌。紛紛,紊亂。紜紜,多且亂。王晳注:"紛紜,鬥亂之貌也。"

②鬥亂而不可亂也:在混亂情況下作戰,能指揮若定,保持隊伍不散亂。王晳注:"不可亂者,節制嚴明耳。"

③渾渾沌沌:本義爲古人想象中世界開闢前之貌,此處指隊伍混迷不清。張預注:"渾沌交錯,形雖圓而勢不散。"杜佑注:"渾渾,車輪轉行;沌沌,步驟奔馳。"言車人混雜,意近。

④形圓:指排兵佈陣能做到四面八方均可應付裕如。曹操注:"車騎轉而形圓者,出入有道,齊整也。"謂擺成圓陣,多方接敵,擾而不亂,故能不敗。

⑤亂生於治,怯生於勇,弱生於彊:有三説,一謂:示敵以亂,其實嚴整;示敵以怯,其實很勇;示敵以弱,其實堅强。此處的"生於"可

釋爲"隱藏着"。曹操注："皆毀形匿情也。"劉寅本："兵治而示之亂,是亂生於治也;兵勇而示之怯,是怯生於勇也;兵强而示之弱,是弱生於强也。"亦同義。二謂:軍隊自身應治,卻迫使對方亂;本身勇,迫使對方怯;本身强,迫使對方弱。三謂:如不加警惕,治可以變作亂,勇可以變作怯,强可以變作弱。賈林注："恃治則亂生,恃勇强則怯弱生。"後兩處的"生於"宜解釋爲一定情況下會"產生"。三説皆通。本書從第三説。"怯生於勇",《竹簡》本"怯"作"脅",音近字通;"勇"作"愳","愳"乃"勇"之古字。

⑥治亂,數也:言治和亂均屬隊伍編制狀況方面之事。數,同上文"分數"之"數"。曹操注："以部曲分名數爲之,故不亂也。"

⑦勇怯,勢也:言軍隊示勇與怯,取決於態勢對己有利與否。李筌注："兵得其勢則怯者勇,失其勢則勇者怯。"

⑧强弱,形也:有兩説。一謂:言軍隊示强與弱,取決於軍事實力之大小。曹操注："形勢所宜。"二謂:内强而外示弱。張預注："實强而僞示以弱。"兩説均可。

⑨形之,敵必從之:以假象誘敵,敵勢必上當。曹操注："見嬴形也。"案:曹操注中嬴弱之形是示形之一種,如我强敵弱,可示之以弱,誘敵前來;反之,如我弱敵强,亦可示之以强,敵知難而退。總之,示形方法多變,妙在靈活使用。

⑩以利動之,以卒待之:兩解,一解爲:以小利引誘和調動敵人,以伏兵或重兵待機破敵。杜牧注："以利動敵,敵既從我,則嚴兵以待之。"另一解:此處之"卒"當爲"猝"解,即突然,如《史記·司馬相如列傳》云"卒然遇軼材之獸"。若從此解,則"以利動之,以卒待之"當釋爲:以小利引誘敵人,用伏兵突然出擊。兩説均可。"以卒待之"在《魏武帝注孫子》中作"以本待之"。有學者解此處之"本"似指主力部隊。備此一説。

【疏解】

"亂生於治,怯生於勇,弱生於强"數語,表明孫武已初步認識到:戰爭也如其他自然現象和社會現象一樣,非靜止不動,是在不斷變化中,只是其變化比其他現象更爲迅速劇烈;同時又表明,對立面可以相互轉化,一切轉化又都是在一定條件之下進行。人們關注之點,是主動創造條件,使戰爭中的變化向有利於己的方向進行。

故善戰者,求之於勢,不責於人①,故能擇人而任勢②。任勢者,其戰人③也,如轉木石。木石之性④,安⑤則靜,危⑥則動,方則止,圓則行。故善戰人之勢,如轉圓石於千仞之山者,勢⑦也。

【校注】

①故善戰者,求之於勢,不責於人:言善於指揮作戰之將帥,必先造成戰前之有利態勢,而不責求下級指揮者臨場發揮。鄭友賢《遺説》:"常者,法也;變者,勢也。……法在書之傳,而勢在人之用。"責,責備、苛求。《説文》:"責,求也。""不責於人",《竹簡》本"不"作"弗"。

②擇人而任勢:有兩解,一解:擇,選擇;任,任用,此處指利用。全句意謂善於選用人才並求之於勢。二解:"擇"假爲"釋",此句擬讀爲"故能釋人而任勢",意謂放棄人而依賴"勢"。兩解均有據。不過,從上下文觀之,孫子雖重"勢",但"勢"仍需人來使用。若將"擇"解爲放棄人,令"人"與"勢"分割,似與原意不合。若將"擇"釋爲不强求人力,即"撇開對人員的苛求,要適應態度而採取行動"(見穆志超《孫子學文存》,第 270 頁)尚可。筆者以一解義見長,二解姑存之。

③戰人:意謂指揮三軍作戰,與《作篇》中"戰民"意同。

④木石之性:木頭、石頭之特性。《竹簡》本"性"作"生",鑒於"性"

有生命之義,故"性"、"生"二字古通。

⑤安:安穩,此處指地勢平坦。

⑥危:危險,此處指地勢險峻。

⑦勢:有利之態勢,意謂善於借力。曹操注:"用兵任勢也。"王晳注:
"善戰者,能任勢以取勝,不勞力也。"劉寅本:"轉圓石於千仞之
山而不可止遏者,由勢使之也;兵在險地而不可制禦者,亦勢使
之也。"

【疏解】

孫子在上篇中云:"若決積水於千仞之谿者,形也。"本篇則説:
"如轉圓石於千仞之山者,勢也。"前者重在"積水"之物質能量,後者
則重在轉圓石於千仞之山運動中的速度與衝擊力,正如本章"題解"所
云,勢與形對應。形指具體物質形式,勢則是物質運動起始後產生之
力量與效能。兩者相輔相依,相反而相成。與"形"相比,"勢"是一寓
意深邃且適用面極廣之理念。

自孫子提出"勢"之後,歷代兵家多有發揮。相傳,"孫臏貴勢",
他所言之勢亦指戰勢。《六韜》提出"神勢"之説,如:"古之善戰者,非
能戰於天上,非能戰於地下;其成與敗,皆由神勢。"(《奇兵第二十
七》)此"神勢",是指由於指揮員之高明,善用神化莫測之計謀,製造
成有利之態勢,使對方無法阻擋。張預注引唐代李靖對"勢"解釋説:
"兵有三勢:將輕敵,士樂戰,志勵青雲,氣等飄風,謂之氣勢。關山隘
路,羊腸狗門,一夫守之,千人不過,謂之地勢。因敵怠慢,勞役飢渴,
前營未舍,後軍半濟,謂之因勢。"又曰,用兵任勢就好像在光滑的平面
上滾動圓球,用力很小,卻滾動很快。

以更概括之意義言之,孫子所説之"勢"似有兩層涵義,一是"審"
勢與"用"勢,二是"造勢"。兩者相關而不相同。前者是暫時先有有
利之位置或態勢,再憑藉此優勢去發揮所長,強化其優勢地位;後者則
尚不具有現成的好態勢,但存在着取得好態勢之條件與可能,通過敏

捷思考和靈巧動作，如掌握力量動態轉化之條件，力量爆發之速度，控制力量使用之節奏等，經過持續不懈之努力，最終奪取好態勢。孫子在《勢篇》中所説"要利用湍急的流水來漂石"（"激水之疾，至於漂石者，勢也"），是順勢或用勢；而《計篇》説"計利以聽，乃爲之勢，以佐其外"，便有造勢之意。梅堯臣注云"定計於內，爲勢於外，以助成勝"，將"計"歸於"內"，"勢"歸於"外"，以示兩者之別。曹操評論孫子時所説"審計重舉"屬於定計部分，而"明畫深圖"則頗有"造勢"之義（"審計重舉，明畫深圖"一語見曹操《孫子序》）。

虛實篇

【題解】

虛與實乃戰爭實力之常態。虛,指兵力分散而薄弱;實,指兵力集中而強大。兩者在一定情況下會相互轉化。曹操注:"能虛實彼已也。"李筌注:"善用兵者,以虛爲實;善破敵者,以實爲虛。"劉寅本曰:"虛實者,敵我皆有之。我虛則守,我實則攻。"均指避實擊虛。《形篇》言攻守,《勢篇》言奇正,本篇言虛實,三者相互銜接。張預曰:"先知奇正相變之術,然後知虛實。蓋奇正自攻守而用,虛實由奇正而見,故次勢。"

爲達成已實彼虛,文中舉出多項措施,如力爭主動,力戒被動("致人而不致於人");使己成爲異軍之主宰("爲敵之司命");注意使己意圖不爲敵所知,反能詳盡掌握敵方意圖("形人而我無形");以及善於集中兵力("我專爲一,敵分爲十")等。

孫子曰:凡先處^①戰地而待敵者佚^②,後處戰地而趨戰者勞^③。故善戰者,致人而不致於人^④。能使敵人自至者,利之^⑤也;能使敵人不得至者,害之^⑥也。故敵佚能勞之^⑦,飽能饑之^⑧,安能動之^⑨。

【校注】

①處:佔據、到達。張預注:"形勢之地,我先據之,以待敵人之來,則

虛實篇

【題解】

虛與實乃戰爭實力之常態。虛,指兵力分散而薄弱;實,指兵力集中而強大。兩者在一定情況下會相互轉化。曹操注:"能虛實彼已也。"李筌注:"善用兵者,以虛爲實;善破敵者,以實爲虛。"劉寅本曰:"虛實者,敵我皆有之。我虛則守,我實則攻。"均指避實擊虛。《形篇》言攻守,《勢篇》言奇正,本篇言虛實,三者相互銜接。張預曰:"先知奇正相變之術,然後知虛實。蓋奇正自攻守而用,虛實由奇正而見,故次勢。"

爲達成已實彼虛,文中舉出多項措施,如力爭主動,力戒被動("致人而不致於人");使己成爲異軍之主宰("爲敵之司命");注意使己意圖不爲敵所知,反能詳盡掌握敵方意圖("形人而我無形");以及善於集中兵力("我專爲一,敵分爲十")等。

孫子曰:凡先處[①]戰地而待敵者佚[②],後處戰地而趨戰者勞[③]。故善戰者,致人而不致於人[④]。能使敵人自至者,利之[⑤]也;能使敵人不得至者,害之[⑥]也。故敵佚能勞之[⑦],飽能饑之[⑧],安能動之[⑨]。

【校注】

①處:佔據、到達。張預注:"形勢之地,我先據之,以待敵人之來,則

士馬閒逸,而力有餘。"

②凡先處戰地而待敵者佚:意爲先到達戰場等待敵人的就安逸。此句《竹簡》本作"先處戰地而侍戰者失"。"侍戰"與"待敵"義近。"失",在此與"佚"通。佚,同"逸",從容安逸。

③趨戰者勞:言倉促應戰,快步急進,必疲勞被動。趨,奔赴,此處解爲"促",即趕快。梅堯臣注:"先至待敵則力完,後至趨戰則力屈。"

④致人而不致於人:調動敵方而不是被敵方調動。致,招致,此處指調動。梅堯臣注:"能令敵來則敵勞,我不往就則我佚。"

⑤利之:言以利引誘敵人。李筌注:"以利誘之,敵則自遠而至也。"

⑥害之:製造困難,牽制敵人。害,妨害。王晳注:"以害形之,敵患之而不至。"

⑦佚能勞之:敵軍若集結休整,我可設法使之疲勞困頓。勞,疲勞。梅堯臣注:"撓之使不得休息。"劉寅本:"敵人本自暇佚,我則設計而能使之勞也。"

⑧飽能饑之:敵若給養充裕,我可設法使之飢困。李筌注:"焚其積聚,芟其禾苗,絕其糧道。"劉寅本:"敵人本有糧餉而士卒充飽,我則設計而能使之飢也。"飢,飢餓、飢困。《竹簡》本下無"安能動之"句,只存"口能勞之"與"飽能饑之"兩句及"出於其所必[趨]"之謂語從句。

⑨安能動之:言敵若能安固守禦,我則可誘之出擊。曹操注:"攻其所必愛,出其所必趨,則使敵不得不相救也。"劉寅本:"敵人本欲安守自固,我則設計而能使之動也。"

出其所不趨①,趨其所不意②。行千里而不勞者,行於無人之地也③。攻而必取者,攻其所不守也④,守而必固者,守其所不攻也⑤。故善攻者,敵不知其所守;善守者,敵不知其所攻⑥。

【校注】

①出其所不趨:出兵應指向敵無法急救之地,即空虛部位。趨(qū),急走;不趨,即不及急救或無法急救。《武經》本、孫校本均作"不趨",唯《竹簡》本作"必[趨]",疑爲傳抄之誤。如從"必趨",則應釋爲"攻敵必救",如曹操注:"攻其所必愛,出其所必趨,則使敵不得不相救也。"亦通。但就上下文視之,"不趨"較合邏輯。"必趨"説姑存之。

②趨其所不意:向敵意料不到之地急進。

③行千里而不勞者,行於無人之地也:行軍千里而不困頓者,乃行進於無敵軍或敵防守不嚴之地也。勞,勞累。《竹簡》本"不勞"作"不畏",且無"者"、"於"二字。若此,則此句當解爲"行於敵無防守之地者,則不會有危險"。

④攻而必取者,攻其所不守也:言我出擊而必能取勝之因,是由於攻擊敵戒備疏忽之處。李筌注:"無虞易取。"杜牧注:"警其東,擊其西;誘其前,襲其後。"兩説均是。

⑤守而必固者,守其所不攻也:言防守而必能牢固者,是因爲拒守敵人不敢攻或不易攻破之地。"守而必固者",《竹簡》本無"者"字。"守其所不攻也",各本皆作"守其所不攻",唯《竹簡》本作"守其所(下缺)",《御覽》卷三一七引此作"守其所必攻"。

⑥故善攻者,敵不知其所守;善守者,敵不知其所攻:意謂善於進攻的,敵不知道怎麼防守;善於防守的,敵不知如何進攻。曹操注:"情不泄也。"梅堯臣注:"善攻者,機密不泄;善守者,周備不隙。"《竹簡》本"所守"前無"其"字。

【辯證】

關於注⑥所言"不攻"與"必攻",注者有兩解。一爲"不攻"説,認爲"守其所不攻也"是指要扼守敵不敢攻或不易攻破之地(參見:1、軍事科學院戰爭理論研究部《孫子》注釋小組《孫子兵法新注》,中華書局1977年版,第51頁;2、郭化若《孫子譯注》,第132頁)。由此推"必攻"可能是傳抄之誤。二爲"必攻"説,認爲"不攻"説難成立,質疑説:"敵既不攻,則何須加强守備,且如此守備,何益於戰勝攻取?"(參見吳九龍主編《孫子校釋》,第87—88頁)由是推定,"守而必固者,守其所必攻"應解爲"防禦之所以牢不可破者,乃因防禦力量皆配置於敵人必攻之地也"。從文意看,似兩説皆通。但通觀上下文,前有"攻其所不守",後有"守其所不攻",兩相呼應,似應以"不攻"説爲宜。"必攻"説姑存之。

微乎微乎①,至於無形;神②乎神乎,至於無聲,故能爲敵之司命③。進而不可禦者,衝其虛也④;退而不可追者,速而不可及也⑤。故我欲戰,敵雖高壘深溝,不得不與我戰者,攻其所必救也⑥。我不欲戰,畫地而守⑦之,敵不得與我戰者,乖其所之⑧也。

【校注】

①微乎:有兩説。一説微妙之極,李筌注:"微妙不可形於言説也。"二説,小到不能再小。劉寅注:"微乎微乎者,言其微之又微也。"《通典》作"微乎微微,至於無形",意指逃遁到難以讓人覺察,形容其細微。《御覽》作"微乎微乎,故能隱於常形"。兩説均通。

②神:神奇、深奧。

③司命:命運之主宰者。司命原爲星官名,共兩星,即水瓶座25、26號星,轉意爲萬物主宰者,如《楚辭·九歌》中之少司命。

④進而不可禦者,衝其虛也:言我方進擊而敵方無法抵禦之因,是攻擊敵虛弱部位。禦,抵禦。虛,虛懈之處。杜佑注:"衝突其虛空也。"

⑤退而不可追者,速而不可及也:言我軍後撤而敵不能追擊之因,緣於我退兵疾速,敵追趕不及也。張預注:"獲利而退,則速還壁以

自守,敵豈能追我也。"速,迅速,神速。及,趕上,追上。

　　"進而不可禦者"、"退而不可追者"、"速而不可及也"三句在《竹簡》本中分別作"進不可迎者"、"……[不]可止者"、"遠[而不可及也]"。如將"迎"釋爲"逆",於義亦通。其餘疑點待考。

⑥攻其所必救:必救,必定會救援之處,亦即利害攸關處。曹操、李筌注:"絶其糧道,守其歸路。攻其君主也。"張預注:"攻其所顧愛,使之相救援也。"兩説均當。

⑦畫地而守:畫地,即劃地,劃出地界堅守之。孫校本"畫地而守"前無"雖"字,《武經》本有"雖"字。

⑧乖其所之:一説,乖,動詞,遠離、背離,此句意爲:誘使敵軍乖離其原定要走之路線與方向;另一説,"乖"作怪異、奇異解,意思是:我使用怪異之法使敵軍改變其原定路線。曹操注:"乖戾也,戾其道,示以利害,使敵疑也。"賈林注:"置疑兵於敵惡之所……敵人不敢來攻我也。"此處之"戾"以違反解。李筌注:"乖異也,設奇異而疑之,是以敵不可得與我戰。"兩説義近,從後説。

　　故形人而我無形①,則我專而敵分②;我專爲一敵分爲十,是以十攻其一也③,則我衆而敵寡④;能以衆擊寡者,則吾之所與戰者約⑤矣。吾所與戰之地不可知,不可知則敵所備者多,敵所備者多,則吾所與戰者寡矣⑥。故備前則後寡,備後則前寡,備左則右寡,備右則左寡,無所不備,則無所不寡⑦。寡者,備人者也⑧;衆者,使人備己者也⑨。

【校注】

①故形人而我無形:意謂使敵現形而隱我真形,令敵方無從捉摸。形,形跡(作名詞),顯露(作動詞),"形人"之"形"爲動詞,"無形"之"形"爲名詞。梅堯臣注:"他人有形,我形不見,故敵分兵以備我。""故形人而我無形",此句《竹簡》本作"故善將者,刑人

而無刑"。"刑"同"形"。

②我專而敵分:我集中兵力對敵,敵則被迫分散兵力,以致無法應對。專,專一、集中。分,分散。《竹簡》本"專"作"槫",義同。

③是以十攻其一也:言我兵力集中於一處,以十倍兵力攻敵。梅堯臣注:"離一爲十,我常以十分擊一分。""是以十攻其一也",各本皆如此,惟《竹簡》本作"以十擊壹",義同。

④寡:少。

⑤約:本意爲約束、緊縮,引申爲少。

⑥吾所與戰之地不可知……則吾所與戰者寡矣:諸句意謂:我軍進攻之處敵不得而知,既不得而知,所防備之地便多,這樣,我軍要進攻的敵人便少了。《竹簡》本作"……地不可知,則適(敵)之所備者多;所備者多,則所戰者寡矣"。

⑦無所不備,則無所不寡:意謂到處都防備,便到處兵力薄弱。《竹簡》本作"無不備者無不寡",義同。

⑧寡者,備人者也:兵力之所以少,因處處設防以對敵之故也。張預注:"所以寡者,爲兵分而廣備於人也。"

⑨衆者,使人備己者也:之所以能集中兵力,乃因迫使對方分兵把守之故也。孟氏注:"備人則我散,備我則彼分。"

　　故知戰之地,知戰之日,則可千里而會戰①;不知戰地,不知戰日,則左不能救右,右不能救左,前不能救後,後不能救前②,而況遠者數十里,近者數里乎③?以吾度④之,越人⑤之兵雖多,亦奚⑥益於勝敗哉?故曰:勝可爲⑦也。敵雖衆,可使無鬥⑧。

【校注】

①會戰:預期會合兵力,與敵交戰。杜佑注:"夫善戰者,必知戰之日,知戰之地,度道設其分軍雜卒,遠者先進,近者後發,千里之

會,同時而合。"此處所云"會戰"與現代軍事中之"會戰"含義有異。此句《竹簡》本作"知戰之日,知戰之地,千里而戰",缺"會"字,有注者據此刪原句中"會"字。案:既言千里而會戰,不排除分兵合擊。若此,"會"字並不多餘。如杜佑曰:"遠者先進,近者後發,千里之會,同時而合。"故以不刪"會"字爲宜。

②則左不能救右,右不能救左,前不能救後,後不能救前:此四句,《竹簡》本以"前"、"後"、"左"、"右"爲序。

③不知戰地……近者數里乎:言若不能預斷在何地打,何時打,則左右、前後之隔尚不能彼此救助,何況更遠呢?"而況遠者數十里,近者數里乎",《竹簡》本無"而"字,"況"作"皇",音近而通假。

④度(duó):量長短,引申爲揣度、推斷。

⑤越人:越國人,越,春秋時國名,也稱於越,都會稽(今浙江紹興)。春秋末與吳爭霸,國力強盛時,擁有國土達今江蘇、安徽、江西、浙江部分地區。

⑥奚:疑問詞,何、豈。

⑦勝可爲:言勝利可通過努力達成。爲,做、變爲、爭取到。此處"勝可爲"與《形篇》說"勝可知而不可爲"不相衝突。"不可爲",指不可強行求得;"可爲",指努力而後得。"勝可爲也",《竹簡》本作"勝可擅","擅"有獨擅、具有之意,"可擅"與"可爲"意近。

⑧敵雖衆,可使無鬥:"敵雖衆",《竹簡》本作"適(敵)唯衆,可毋鬥也"。"唯"、"雖"古通;"鬥"乃"鬭"之異體。"可使無鬥",言敵兵雖多,若迫使敵兵力分散,則使其難與我鬥。張預注:"分散其勢,不得齊力同進,則焉能與我爭。"

　　故策之而知得失之計①,作之而知動靜之理②,形之而知死生之地③,角之而知有餘不足之處④。故形兵之極,至於無形⑤;無形,則深間不能窺⑥,智者不能謀⑦。因形而錯勝於衆⑧,衆不能知。人皆知我所以勝之形,而莫知吾所以制勝之形。故其戰勝不複^⑨，而應形於無窮^⑩。

【校注】

①策之而知得失之計：計算一下敵方之計謀得失，或分析敵我雙方
之計策，明瞭其利弊得失。杜佑注："策度敵情，觀其所施，計數可
知。"案：照多數注者之見，"策之"中"之"應是指對方，然交戰雙
方向來是一連體，了解敵方，不能不了解相關方即己方，況且孫子
一再申述應"知彼知己"，故而此處的"之"似宜解爲兼指敵我
雙方。

②作之而知動靜之理：言挑動一下對方以了解其活動規律。作，起
也，此處指挑動。理，規律。杜牧注："言激作敵人，使其應我，然
後觀其動靜理亂之形也。""作之而知動靜之理"，此句《竹簡》本
作"績之而知動□……"，"績"從"責"聲，二字音近，或借作"績"。

③形之而知死生之地：察明敵方所處地勢爲有利或不利。形，本意
爲形體、形象、顯露、對照等；此處作動詞，即觀察對方狀況。死生
之地，指對方無備或有備之處。孟氏注："形相敵情，觀其所據，則
地形勢生死可得而知。"

④角之而知有餘不足之處：意爲施以小規模進攻，探明對方的虛實
狀況。角(jué)，作較量解。梅堯臣注："彼有餘不足之處，我以角
量而審。"

⑤形兵之極，至於無形：用兵達於極致時，令對方已無形可窺。形
兵，指軍隊部署過程之僞裝、佯動等示形舉措。王晳注："制兵形
於無形，是謂極致，孰能窺而謀之哉！"劉寅本："故以兵之虛實形
敵，到得極致之處，無形之可測也。""故形兵之極"，《竹簡》本無
"故"字。

⑥深間不能窺：即使間諜隱匿極深，也無法探明我方真實情況。間，
間諜，奸細。窺，偷看。張預注："既無形可覩，無跡可求，則間者
不能窺其隙，智者無以運其計。"

⑦智者不能謀：縱令敵方極具智慧也想不出對付我軍之辦法。智者，智慧者。謀，謀畫，韜略。“智者不能謀”，《竹簡》本“智”作“知”，“不”作“弗”，句末有“也”字。

⑧因形而錯勝於衆：依對方兵力部署之變化而應變取勝，且昭示於衆人前。因形，因，依靠、憑藉。錯，同“措”，放置。李筌曰：“錯，置也，設形險之勢，因士卒之勇而取勝焉。”義是。

⑨戰勝不複：作戰方式靈活多變，不會重複。曹操注：“不重複動而應之也。”

⑩應形於無窮：依敵情之變化不斷翻新交戰策略以至無窮。王晢注：“夫制勝之理惟一，而所勝之形無窮也。”

【疏解】

孫子曰：“故策之而知得失之計。”此處的“策”，有計策與決策之意，亦可釋爲策問與策動。

策，通“冊”。遠古時，人們用竹片或木片記事，將竹、木片以韋編（牛皮繩）成編就叫策。後來，官方考試，將所問題目書之於策，叫“策問”，“策”始具有提問與答疑之含義。再後，由“策問”引申爲“策動”，如“抽矢策其馬”，指邊抽箭，邊打馬，使馬快跑。

由“策問”到“策動”，“策”這個詞包含了啓動對策之意，至於對策優或是劣，又取決於智謀之高低，故古語曰：“術謀之人，以思謨爲度，故能成策略之奇。”（劉劭《人物志·接識》）

不過，“謀”與“策”兩詞雖相似，但程度有別。謀，指對某事物與過程之總體方面有所謀劃，如孫子所說“謀攻”即指此；而策，則指較小之範圍，只涵蓋總體內一個側面或一個階段。如在軍事上，凡實施攻擊時，遇分散之敵將如何處置，遇集中之敵又如何處置，此種小範圍的應對辦法，稱爲對策。

由此，有學者將“故策之而知得失之計”中之“策”解釋爲計謀，並不確切，因“策”是策度，比“謀”的涵蓋範圍小。孟氏在注釋此句話時説"策度敵情,觀其施爲,則計數可知",似符合作者之原意。

"故策之而知得失之計",此句《竹簡》本作"計之□□得失之□",且在"死生之地"之下。

夫兵形象水^①,水之形避高而趨下^②,兵之形避實而擊虛。水因地而制流^③,兵因敵而制勝。故兵無常勢,水無常形^④,能因敵變化而取勝者,謂之神^⑤。故五行無常勝^⑥,四時無常位^⑦,日有短長^⑧,月有死生^⑨。

【校注】

①兵形象水:兵之形勢有如水之運行規律。孟氏注:"兵之形勢如水流,遲速之勢無常也。"

②水之形避高而趨下:水流動之規律是避開高處而向下流。《竹簡》本"水之形"作"水行",無"之"字,且"趨"作"走"。"水之形"與"水行"均通,"趨"、"走"義近。

③制流:決定其流向。制,原意爲制止、控制,轉意爲規定、決定等。

④故兵無常勢,水無常形:用兵無固定之方式,有如水流無固定之形狀然。王晳注:"兵有常理,而無常勢;水有常性,而無常形。"此句各本均如是,惟《竹簡》本無"水"字,作"兵無成執(勢),無恒刑(形)",義近。

⑤能因敵變化而取勝者,謂之神:意謂能依據敵情變化而取勝的,便叫用兵如神。神,神妙、神奇,變化莫測。曹操注:"勢盛必衰,形露必敗,故能因敵變化取勝若神。"張預注:"兵勢已定,能因敵變動應而勝之,其妙如神。"此句《竹簡》本作"能與敵化之胃(謂)神",疑爲傳抄之誤,義同。

⑥五行無常勝:指金、木、水、火、土五種物質元素,没有哪一種能經常固定地起制約作用。古時稱金、木、水、火、土五種物質元素爲五行,又認爲五行"相生相勝"。"相生"即相互轉化,如"木生火,

火生土、土生金，金生水，水生木"。"相勝"又稱"相克"，即互相
排斥，如"水勝火，火勝金，金勝木，木勝土，土勝水"。此句《竹
簡》本"五行無常勝"前無"故"字，"常"作"恒"。

⑦四時無常位：春、夏、秋、冬四季之更迭變換永無休止。四時，指四
季。《竹簡》本"位"作"立"，缺"無"字。

⑧日有短長：白天的時間長短不一。日，指白晝。

⑨月有死生：月有朔望盈虧明暗之變化。古人謂月死，指月末；月
生，指月初。曹操注："兵無常勢；盈縮隨敵。"

軍爭篇

【題解】

　　爭者，趨利也。軍爭，兩軍相爭，目的爲爭奪戰爭之有利條件，或稱爭奪戰爭之主動權。曹操注：“兩軍爭勝。”虛實定，乃可與人爭利。張預注：“先知彼我之虛實，然後能與人爭勝，故次虛實。”

　　本篇集中論述交戰雙方如何爭奪有利之態勢與戰機，包括先敵到達或佔領戰略要地，察明敵方弱點，熟諳(ān)迂直之計，發動不意攻擊，以及應善於掌握“避其鋭氣，擊其惰歸”、“三軍可奪氣，將軍可奪心”等項原則。篇中也涉及行軍及嚮導使用等諸問題。

　　孫子曰：凡用兵之法，將受命於君，合軍聚衆①，交和而舍②，莫難於軍爭。軍爭之難者，以迂爲直，以患爲利③。故迂其途而誘之以利，後人發，先人至④，此知迂直之計者也⑤。

【校注】

　　①合軍聚衆：指聚集民衆，組成軍隊。曹操注：“聚國人，結行伍，選部曲，起營爲軍陣。”合，聚集。《商君書·賞刑》：“晉文公將欲明刑以親百姓，於是合諸侯大夫於侍千宮。”

　　②交和而舍：有兩説。一説：兩軍相對而駐紮。交，接，接觸。和，和門，即軍門。交和，兩軍對壘。曹操注：“軍門爲和門，左右門爲旗門，以車爲營曰轅門，以人爲營曰人門，兩軍相對爲交和。”另一

説:交和爲相交和睦。張預注:"或曰與上下交相和睦,然後可以
出兵爲營舍。"本書從前説。舍,原意房屋,此處指駐紮。舍,另有
一義,即古時行軍三十里稱一舍。

③以迂爲直,以患爲利:看似迂遠曲折之路卻可達到近直的目的,看
似不利之條件可設法變爲有利。迂,迂遠、曲折。患,禍患。趙注
本:"直道有備,不可以徑取。"曹操注:"示以遠,速其道里,先敵
至也。"

④後人發,先人至:後於對方出發,卻搶先到達戰略要地。《荀子·
議兵》:"上得天時,下得地利,觀敵之變動,後之發,先之至,此用
兵之要術也。""先人至",《竹簡》本"至"下有"者"字。

⑤此知迂直之計者也:言懂得變迂爲直這一戰法之人。知,掌握。
計,手段、方法。此句《竹簡》本無"此"字,"迂"借爲"汙",意同。

故軍爭爲利,軍爭爲危①。舉軍而爭利②則不及,委軍③
而爭利則輜重捐④。是故卷甲而趨⑤,日夜不處⑥,倍道兼
行⑦,百里而爭利,則擒三將軍⑧,勁者先,疲者後⑨,其法十一
而至⑩;五十里而爭利,則蹶⑪上將軍,其法半至⑫;三十里而
爭利,則三分之二至。是故軍無輜重則亡⑬,無糧食則亡,無
委積⑭則亡。

【校注】

①軍爭爲利,軍爭爲危:軍爭有利,但也有害。爲,作爲,此處作"是"
或"有"解。梅堯臣注:"軍爭之事有利也,有危也。"《竹簡》本作
"軍爭爲利,軍爭□危",缺一"爲"字。

②舉軍而爭利:舉全軍之力去爭利,指攜帶全部武器與輜重出動。
舉,有全、皆之意,又可訓爲"盡"。

③委軍:指丟下重裝備之隊伍,即輕裝前進。委,拋棄、丟下。

④輜重捐:軍隊攜帶之軍需物資如軍用器械、營具、糧秣、服裝等會

損失。捐，捨棄、除去。

⑤卷甲而趨：卷起鎧甲迅捷前行。甲，鎧甲。《竹簡》本"卷"作
"綣"，古通。

⑥日夜不處：夜以繼日，不得休息。處，止也，休息。

⑦倍道兼行：以加倍之速度（或行程）趕路。倍，如一日作兩日用。

⑧擒三將軍：指三軍將帥被擒，即全軍覆没。三將軍，指三軍將帥，
春秋時，晉設中軍、上軍、下軍，楚設中軍、左軍、右軍。擒，擒拿，
此處表被動，指被敵所擒。杜佑注："欲從速疾卷甲束杖，潛軍夜
行，若敵知其情，邀而擊之，則三軍之將爲敵所擒也。"

⑨勁者先，疲者後：身體强勁之士卒先到達，體質稍差者落後掉隊。
疲，疲勞、疲弱。賈林注："路遠人疲，奔馳力盡，如此則我勞敵佚，
被擊何疑？"疲，又通"罷（pí）"。《國語·吳語》："今吳民既罷。"
韋昭注："罷，勞也。"《十一家注》中，李筌、陳皞注作"疲"，王晢、
張預注作"罷"，孫校本亦如是。本書仍保留"疲"，"疲"、"罷"
同義。

⑩其法十一而至：出現"勁者先，疲者後"的狀況時，只有十分之一士
卒先抵達。"十一而至"，《竹簡》本作"十一以至"。"以"作連詞
用時，與"而"同。

⑪蹶：蹶（jué）原意爲跌倒，引申爲失敗、損折、挫折。曹操注："蹶，
猶挫也。"趙注本："蹶者，敗走而顛躓（zhì）也。"

⑫其法半至：只有半數趕到。此句《竹簡》本作"法以半至"，"以"同
"而"。

⑬軍無輜重則亡：軍隊無輜重會招致覆亡。張預注："無輜重則器用
不供，無糧食則軍餉不足，無委積則財貨不充，皆覆亡之道。"

⑭委積：儲備（物資）。委，聚積。積，堆積。《周禮·地官·遺人》
注："少曰委，多曰積。"劉寅本："無委積則亡，是無預備之儲蓄
也。"案："是故軍無輜重則亡，無糧草則亡，無委積則亡"，《竹簡》

本"輜重"前之"無"作"毋",而"委積"前之"無"則仍作"無","積"作"賫"。

【疏解】

本篇篇名爲"軍爭",此處又云:"軍爭爲利,軍爭爲危。"可知,"爭"是孫子著作中核心理念之一。

爭,即競爭,古人將其解讀爲比賽與爭逐。《莊子·齊物論》曰"有競有爭",郭象釋之爲"並逐曰競,對辯曰爭"。並逐,指二人或多人同時追逐一個目標之活動;對辯,則指在同一場合雙方間展開辯論。

我國民間有在端午節舉行龍舟比賽之風俗,被稱爲"競渡"。它緣於我國歷史上一位著名人物屈原,曾於陰曆五月五日投汨羅江,故後世人們在此一天作龍舟比賽。"競渡"是競爭勝負的具體表現形式。

《史記·貨殖列傳》有言"天下熙熙,皆爲利來;天下攘攘,皆爲利往",形象地説明人們穿梭交往的最後歸宿仍是爭利。

《孫子·九地篇》説"我得則利,彼得亦利者,爲爭地",此處則説"軍爭爲利,軍爭爲危",都將"爭"與"利"的關聯推到極致。劉寅本對此有解云"兩軍相對必爭,爭者,必以利而動……利非貨利之利,乃便利之利,利於我則我勝,利於彼則彼勝,故不得不爭也",李筌注曰"爭者,趨利也",均言切。據粗略統計,《孫子》中用到"利"字約四十餘處。可見,"爭"和"利"在作者心目中位置之重。

孫子雖重利,卻不主張一味求利,他是將利與害、得與失一併考慮,表現了特有的雙向思維,如書中言"軍爭爲利,軍爭爲危"(《軍爭篇》)、"故不盡知用兵之害者,則不能盡知用兵之利也"(《作戰篇》)、"故策之而知得失之計"(《虛實篇》)、"智者之慮,必雜於利害"(《九變篇》)。曹操注此句言"在利思害,在害思利,當難行,權也"),凸顯了孫子此説的價值。

故不知諸侯之謀者,不能豫交①;不知山林、險阻②、沮澤③之形者,不能行軍;不用鄉導④者,不能得地利。故兵以詐立⑤,以利動⑥,以分合爲變⑦者也。故其疾如風⑧,其徐如林⑨,侵掠如火⑩,不動如山⑪,難知如陰⑫,動如雷震⑬。掠鄉分衆⑭,廓地分利⑮,懸權而動⑯。先知迂直之計者勝⑰,此軍爭之法也。

【校注】

①豫交:豫,有兩説,一説通"與",指與諸侯結交;另一説,豫,同"預",預交,指預先結交,如趙注本云"兩國交兵,而鄰之諸侯必有其謀;知其所謀,則知誰當豫交",亦通。以一説爲善。

②險阻:指被山水森林等險要阻隔之地形。

③沮澤:指水草叢生之沼澤地帶。沮(jǔ),低濕地帶。曹操注:"高而崇者爲山,衆樹所聚者爲林,坑塹者爲險,一高一下者爲阻,水草漸洳者爲沮,衆水所歸而不流者爲澤。"

④鄉導:給軍隊帶路之當地百姓。

⑤兵以詐立:言用兵須以詭詐多變而取勝。立,成立,指成功、取勝。張預注:"以變詐爲本,使敵不知吾奇正所在,則我可爲立。"《韓非子·難一》:"繁禮君子,不厭忠信;戰陣之間,不厭詐僞。"

⑥以利動:言根據是否與我有利或利益之大小而採取行動。梅堯臣注:"非利不可動。"張預注:"見利乃動,不妄發也。"兩説。均是。

⑦以分合爲變:言兵力之分散與集中,應以彼時情況改變而改變。分,分散兵力。合,集中兵力。曹操注:"兵一分一合,以敵爲變也。"陳皞注:"乍合乍分,隨而更變之也。"

⑧其疾如風:言軍隊行動快如飄風。疾,快速。張預注:"其來疾暴,所向皆靡。"趙本學注:"如風者,迅速無形也。"

⑨其徐如林:部隊行列整齊,軍紀肅然,舒緩行動如林木之森森然。梅堯臣注:"如林之森然不亂也。"徐,緩慢。

⑩侵掠如火:言攻敵時如燎原烈火,猛不可當。侵,侵入,此處指越境進犯。掠,掠取資財。張預注:"勢如猛火之熾,誰敢禦我。"

⑪不動如山：言軍隊駐守，如山嶽之固。趙注本："如山者，陣堅不可撼也。"

⑫難知如陰：言隱蔽時，如濃雲密霧遮蔽了日月，難窺其真相。難，艱難，引申爲隱蔽。杜佑注："莫測如天之陰雲，不見列宿之象。"趙注本："如陰者，深情匿形，不可測也。"

⑬動如雷震：行動如雷劈電擊，勢難阻擋。震，震動，有版本作"霆"解，指劈雷。

⑭掠鄉分衆：一説，掠，擄掠。鄉，古周制都城外爲鄉，爲奴隸居住之行政區劃單位。衆，指奴隸、農奴。此短句意爲：掠奪"鄉"間的糧食財物以及奴隸與農奴，發賜予有功的將官。陳皞注："夫鄉邑村落，因非一處，察其無備，分兵掠之。"另一説，以"鄉"爲"向"，此句意爲：按旌旗所指分兵追擊。本書從前説。案：後一説缺陷有二：一、不合孫子原意。孫子"鄉掠"之説數見於十三篇内，如《九地篇》云"重地則掠"、"掠于饒野，三軍足食"，《用間篇》云"因間者，因其鄉人而用之"，都没有將"鄉"解讀爲"向"的例詞。二、以"鄉"爲"向"之根據，只見之於《通典》卷一六二與《御覽》卷三一三，此兩本將"掠"作"指"，而其餘各本皆作"掠"。故不從。

⑮廓地分利：廓，同"擴"，南宋時，爲避甯宗趙擴諱，改"擴"爲"廓"。"廓"之原意爲廣大、空闊，此處指開展、擴張、開拓。一説，"廓地分利"言開拓疆土，分予有功者。另一説，開拓疆土應分清利害，擇要據守。杜牧注："廓，開也，開土拓境，則分割與有功者。"梅堯臣注："與有功也。"然陳皞、賈林均以"分敵之利"爲是，如賈林曰："廓，度也。度敵所據地利，分其利也。"兩説均通。

⑯懸權而動：言權衡利害得失，以取相應之行動。權，秤錘，用以稱物之輕重，此處指權衡利弊。

⑰先知迂直之計者勝：意謂，先懂得以迂爲直計謀的，就能勝利。杜牧注："言軍爭者，先須計遠近迂直，然後可以爲勝。"

【疏解】

"權"在《孫子》書中也是一重要理念。古人將"權"釋爲"秤錘"，用以稱物體之輕重。《廣雅·釋器》曰："錘謂之權。"此處所說之"錘"即秤砣。《漢書·律曆志》曰："權者，銖、兩、斤、鎰、鈞、石也，所以稱物平施，知輕重也。"意謂秤砣用以稱量物品的多少，均平施與，以判明物之準確份量。

我國漢代的度量衡制度是：銖，1/24兩；斤，16兩；鎰，24兩；鈞，30斤；石，4鈞，即120斤。從銖到石，重量逐級上升。執輕執重，須經移物平施這一流程才得以知曉。

"懸權而動"，是指戰場指揮員應權衡彼此形勢，相機而動。

《孫子》書裏，"權"字出現約三處。一、《計篇》云："勢者，因利而制權也。"意謂："勢"，是指根據是否對我有利而採取相應之行動。二、《謀攻篇》謂："不知三軍之權而同三軍之任，則軍士疑矣！"言不知用兵之權謀，而干涉軍隊之指揮，將士必産生疑慮。再一處，即在本篇中，當談到軍隊如何爭取有利情況時，孫子提出"廓地分利，懸權而動"。孫子對"權"之看重若此。

非只兵家重"權"，儒學著作亦重"權"。後者並認爲，權是普通民衆應有之一種意識，適用於各領域。

《論語·子罕》記載了孔子一段話，云："子曰：可與共學，未可與適道；可與適道，未可與立；可與立，未可與權。"（大意是：有些人也有志於學，但所學的未必是"道"；有些人雖然有志於道，但未必能立於"禮"；有些人雖立於"禮"，往往又把禮當成一種死的規矩，用固定的辦法去應對變動着的事，不善於將原則靈活應用。）漢人將孔子此段話展開，說"未可與權"是指"反經合道曰權"。經是指某項原則，採取的與經相異的新舉措，表面上看似乎違反原則，其實與原則相合，這就叫權。

同樣地，《孟子·離婁上》有一段話爲："男女授受不親，禮也；嫂溺,援之以手者,權也。"意指:嫂落水中,用手去拉她,是靈活性,即"權變"。《孟子·盡心上》又云:"執中無權,猶執一也。"意指:主持中道而無靈活性,便是只曉得執著於一點。顯見,孔、孟都認爲經和權可相容。重視原則固然好,但也要懂權變;兩者兼得,可通行於天下。

《軍政》①:"言不相聞②,故爲金鼓③;視不相見,故爲旌旗,夫金鼓旌旗者,所以一人之耳目也④。民既專一⑤,則勇者不得獨進,怯者不得獨退,此用衆之法⑥也。故夜戰多火鼓,晝戰多旌旗,所以變人之耳目⑦也。"

【校注】

①《軍政》:古兵書,梅堯臣注:"軍之舊典。"王晳注:"古軍書。"已佚。零散章句見於《孫子》、《吳子》、《左傳》等書中。《竹簡》本"軍"前有"是故"二字。

②言不相聞:言以言語指揮,彼此間很難聽清。聞,聽到爲聞,如"聽而不聞"。

③故爲金鼓:此句意爲,夜戰多用金鼓。金,用銅製成,一名鉦(zhēng),又名鐲(zhuó),有柄,似鐘而狹長,打擊作聲。鼓,戰鼓。金鼓指號令。古時打仗,鳴金爲止兵,擊鼓爲進兵。爲,置、設。《尉繚子·制談第三》:"金鼓所指,則百人盡鬥。"《竹簡》本"金鼓"作"鼓金"。

④一民之耳目也:意指統一軍人之耳目。一,使……專一,一致,統一。《六韜·兵道第十六》:"凡兵之道,莫過於一。一者能獨往獨來。"《竹簡》本"一"作"壹"。此句及下句之"民",傳本多作"人",《竹簡》本作"民",是古本爲"民",至唐因避太宗諱而改爲"人"。今依《竹簡》本統作"民"。

⑤民既專一:言士卒一致聽從指揮。《竹簡》本作"民暨已槫","暨"即"既","槫"即"專"。

⑥此用衆之法：這便是指揮調動大部隊作戰之方法。

⑦變人之耳目：言依據人在白晝與夜晚之聽覺與視覺間差異來運用不同的指揮信號，以適應人之耳目。變，作"變通"解。

　　故三軍可奪氣①，將軍可奪心②。是故朝氣銳，晝氣惰，暮氣歸③。故善用兵者，避其銳氣，擊其惰歸④，此治氣⑤者也。以治待亂，以靜待譁⑥，此治心⑦者也。以近待遠，以佚待勞，以飽待飢，此治力⑧者也。無邀正正之旗⑨，勿擊堂堂之陳⑩，此治變⑪者也。

【校注】

①奪氣：挫傷對方士氣，使其喪膽。奪，强取，使喪失。曹操注："左氏言，一鼓作氣，再而衰，三而竭。"李筌注："奪氣，奪其銳勇。"趙注本："三軍以氣爲上，故有乘勝之銳氣者，有恃衆之驕氣者，有決死之怒氣者，有理直之壯氣者，奪之。"

②奪心：動搖對方將領之決心。張預注："心者，將之所主也。夫治亂勇怯，皆主於心。"趙注本："或激之使怒，或卑之使驕，或煩之使躁，或間之使疑，或震之使怖。"

③朝氣銳，晝氣惰，暮氣歸：此言非專指一日中早、中、晚三時段，而是朝喻初始，晝喻其中，暮喻其終。此言開戰之初，士氣銳不可當，繼而怠惰，終則衰竭。孟氏注："朝氣，初氣也；晝氣，再作之氣也；暮氣，衰竭之氣也。"

④避其銳氣，擊其惰歸：指避開對方初來時之銳氣，待其鬆懈疲憊時再行出擊。歸，止息，《廣雅》"歸，息也"，指衰竭。《竹簡》本"避"作"辟"，"銳"作"兑"。

⑤治氣：掌握士氣，即從士氣的把握上勝過對方。治，原意爲管理、治理，轉意爲掌握。張預注："善治己之氣，以奪人之氣者也。"

⑥以靜待譁：言以鎮靜沉着對待多疑急躁之敵。譁，喧嘩，此處指噪

動不安。梅堯臣注：“鎮靜待敵，衆心則寧。”陳皞注：“旌旗錯雜，行伍輕囂，謂之嘩。審敵如是，則出攻之。”

⑦治心：以心理態勢取勝於對方。張預注：“善治己之心，以奪人之心。”

⑧治力：掌握部隊戰鬥力之方法。

⑨無邀正正之旗：言勿截擊旗幟齊整、部署周密之敵。邀，邀擊也，《漢書・匈奴傳上》：“大將軍霍光欲發兵邀擊之。”此處指攔擊。正正，嚴整有序。張預注：“正正謂形名齊整也。”《竹簡》本“正正”作“癥癥”，“無邀”作“毋要”。

⑩堂堂之陣：實力雄厚、陣容强大之敵。曹操注：“堂堂，大也。”杜佑注：“堂堂者，盛大之貌也。”（孫校本卷七）

⑪治變：以臨機應變之手段對敵。

【疏解】

孫子：“三軍可奪氣，將軍可奪心。”氣言士氣，心言決心。此處之心亦泛指基於對客觀情況的準確判斷而形成之決心、信念和追求。照我國著名思想家梁漱溟解讀，心的基本特徵是“發展不住，變化不定”（《梁漱溟全集》第 3 卷，山東人民出版社 1993 年版，第 539 頁）。《孫子》亦作如是觀，如言：“善用兵者，無窮如天地，不竭如江河”（《勢篇》）、“微乎微乎，至於無形；神乎神乎，至於無聲”（《虛實篇》），都是指指揮者的心理活動變化無端，常令對方難以捉摸。

既然人心變動不居，而預測對方將領之心態變化並提供出相應之對策又至關重要，因而，從古至今，衆多兵家都將“奪氣”、“攻心”視爲用兵之上策。吳子有言：“氣實則鬥，氣奪則走。”（《吳子兵法・料敵第二》）《尉繚子・戰威第四》中云：“先奪其氣……弊而勞之，勿與爭戰。”諸葛亮《便宜十六策》云：“將無思慮，士無氣勢，不齊其心而專其謀，雖有百萬之衆，而敵不懼矣。”（《諸葛亮集》，第 67 頁）《百戰奇法・後戰》中更是强調，凡隊列整齊與武器精良之敵，“未可與戰，宜堅壁待之,候其陳久氣衰,起而擊之,無有不勝"。至於馬謖所言"攻心爲上,攻城爲下;心戰爲上,兵戰爲下",已成爲歷代兵家之共識。

孫子所云"奪氣"與"奪心",不只爲後世兵家所沿用,亦有大量史實爲證。

發生於公元前 684 年的齊、魯長勺之戰是以"奪氣"爲特徵之典型戰例。此次戰役中,魯莊公的軍師曹劌採取"宜靜以待"的方法,等齊軍兩度出擊受挫,第三次攻擊來時,才命令全軍出擊,並窮追不捨,一舉將入侵的齊軍趕出國境。此種戰略的關鍵是:適時判斷對方士氣之高低,而決定自己將如何戰法。"夫戰,勇氣也。一鼓作氣,再而衰,三而竭,彼竭我盈,故克之。"(《左傳·莊公十年》)

《左傳》所記載的另一次戰役,即秦、晉殽(殽山)之戰前期,鄭國商人弦高以智謀阻止秦軍攻擊,又是以"奪心"爲特徵的典型戰例。

公元前 628 年,秦國國君穆公自以爲國勢逐步強盛,欲趁晉、鄭兩國國君相繼去世之機,出兵攻鄭。上大夫蹇叔勸阻道,鄭乃小國,遠在千里之外,秦兵勞師遠征,豈能保守秘密?欲攻有備之敵,絕難取勝;即使獲勝,亦無利可圖;萬一失敗,則損失慘重。穆公難聽勸阻,執意發兵,並指派百里奚之子孟明視等三人爲將,向東進發。事實果如蹇叔所料,當秦兵過殽山,經洛邑(河南洛陽),抵滑國邊境(今河南偃師東南,崇山西北)時,恰遇鄭國販牛商人弦高。弦高識破對方圖謀,並隨機應變,假扮鄭國使臣,一面求見孟明視,說鄭國國君聽說貴軍來鄭國,特派我獻上菜牛,以示犒賞,另一面又急派人趕回鄭國報信,預作迎戰準備。孟明視見鄭國已獲知此訊,偷襲無可能,便改變決心,下令借道轉攻滑國。

此次戰役中,弦高之計策之所以成功,就在於他及時洞悉了秦軍攻鄭之企圖,從而用"獻牛"的方法打掉了秦軍將領攻鄭之決心,使鄭免遭禍患(史載《左傳·僖公三十二年》、《僖公三十三年》)。

爲能"奪心"、"奪氣",《孫子》中又十分強調利用錯覺與不意,即所謂"出其所不趨,趨其所不意"(《虛實篇》)、"乘人所不及,由不虞之道,攻其所不戒"(《九地篇》)。又云"兵者,詭道也"(《計篇》),張預爲其作注時,例舉數項云:"故曳柴揚塵,欒(luán)枝之譎(jué)也;萬弩齊發,孫臏之奇也;千牛俱奔,田單之權也;囊(náng)沙壅(yōng)水,淮陰之詐也。"欒枝、孫臏、田單、韓信,皆我國古代名將,在戰爭史上均有過以善於製造錯覺而取勝的佳績。

錯覺爲何會發生,不意攻擊又何以能得逞,除其他因素外,同人自身的心理素質直接相關。《孫子》中曾分析説"將有五危"(《九變篇》)、"兵有六敗"(《地形篇》),均緣於將領或士兵自身的弱點被對方利用所致。

英國戰略問題專家利德爾·哈特十分讚賞《孫子》的"心戰"理論,並舉例説,如果想把對方打倒在地,最好的辦法並非正面攻擊,而是先在他背後大喝一聲。當對方吃驚地回頭觀望時,你再從旁給他一拳,他必應聲倒地。原因在於,你利用了他心理上的弱點。此種與直接戰略相對應的戰略,他稱之爲"間接"戰略。

故用兵之法,高陵勿向①,背丘勿逆②,佯北勿從③,鋭卒勿攻④,餌兵勿食⑤,歸師勿遏⑥,圍師必闕⑦,窮寇勿迫⑧。此用兵之法也。

【校注】

①高陵勿向:言敵若佔據高地,切勿仰攻。向,指仰攻,杜牧注"向者,仰也"。陵,原意爲大土山,此處指山陵。杜牧注:"言敵在高處,不可仰攻。"

②背丘勿逆:言敵背靠高地,不可迎面攻擊。背,背對着,杜牧注"背者,倚也",倚托之意。逆,訓爲迎,指迎擊,即正面攻擊。丘,小山,土堆,此處指丘陵,亦即坡度較緩,連綿不斷之低矮山丘。梅堯臣注:"敵自高而來,不可逆戰,勢不便也。"

③佯北勿從：此言敵若假裝敗走，當不可追擊。佯，假裝、僞裝。北，敗走、敗逃。古代以面向爲南，背後爲北。故打了敗仗，背敵而逃，也叫做北。從，跟隨、追隨。張預注："敵人奔北，必審真僞。若旗鼓齊應，號令如一，紛紛紜紜，雖退走，非敗也，必有奇也，不可從之。"《竹簡》本"佯"作"詳"，古通。

④銳卒勿攻：言敵人銳氣方盛，不應去攻擊。杜牧注："避實也。"

⑤餌丘勿食：言敵若以小利作誘餌，勿予理睬。餌，誘餌。王晳注："餌我以利，必有奇伏。"此句《竹簡》本無。

⑥歸師勿遏：言敵師退還其國途中，不應正面阻截。遏(è)，原意爲阻止，此處指遏制、攔截。孟氏注："人懷歸心，必能死戰，則不可止而擊也。"《竹簡》本"歸師"與"圍師"兩互倒，且"遏"借爲"謁"(yè)，意同。

⑦圍師必闕：闕(quē)，原指古代宮殿、祠廟和陵墓前的高建築物，通常左右各一，建成高臺，臺上起樓觀，以兩闕之間有空缺，或名闕或雙闕。此處之"闕"同"缺"，缺口之意，指包圍敵軍，當留缺口。張預注："圍其三面，開其一角，示以生路，使不堅戰。"《竹簡》本"必闕"作"遺闕"。

⑧窮寇勿迫：言對已陷絕境之敵不宜逼迫。窮，困厄，此處指絕境。張預注："敵若焚舟破釜，決一戰，則不可逼迫來，蓋獸窮則搏也。""窮寇勿迫"，《竹簡》本無此句。《四庫》本與《武備志》(方勇主編《子部珍本叢刊·兵家類》據明天啓元年刊本影印本，綫裝書局 2012 年版)"勿迫"作"勿追"，今依《十一家注》與《武經》本作"勿迫"。

九變篇

【題解】

凡與人爭利，先應知九地之變，故次《軍爭》。

"九"者，數之極；"變"，指臨事制宜，不由常道，不拘一法。故言變也。"九變"是指在複雜情況下懂得取捨，以機變之法指導戰爭。趙本學注："繼軍爭之後，且拳拳然以思慮備防爲戒，以必死忿速爲賤，真可謂用兵之龜鑑也。"

本篇集中論述在各種可預知情況下，如何變換交戰方式與策略。王晳注"用兵之法，當極其變耳"，曹操注"變其正，得其所用，九也"，都是指此。

孫子曰：凡用兵之法，將受命於君①，合軍聚衆，圮地無舍②，衢地合交③，絕地無留④，圍地則謀⑤，死地則戰⑥。塗有所不由⑦，軍有所不擊⑧，城有所不攻⑨，地有所不爭⑩，君命有所不受⑪。故將通於九變⑫之地利者，知用兵矣；將不通於九變之利者，雖知地形，不能得地之利矣。治兵不知九變之術，雖知五利⑬，不能得人之用⑭矣。

【校注】

①將受命於君：謂主將接受國君之命令。受命，接受命令。《左傳·襄公二十七年》云"石惡將會宋之盟，受命而出"，即此。此句及

下句"合軍聚衆"與《軍爭篇》首句重疊,且與下文不相銜接,原因待考。

②圮(pǐ)地無舍:在水網、湖澤等交通不便之地段,無所依憑,不可屯兵駐紮。圮,倒塌、毀壞之意。《書·堯典》:"方命圮族。"《説文》:"圮,毀也。"舍,古稱住宿一宿爲一舍,此處指宿營。"圮地",各本皆如此,唯《竹簡》本作"汜地"。《禮記·王制》:"疑獄,汜與衆共之。"《竹簡》本"釋文":"'汜(sì)'本作'汜'。是《孫子》故書或本作'汜',因形近而訛爲'圮'。""汜"的本意是由主流分出復匯合之河水,"圮"則爲毀壞、倒塌,轉意爲難於通行之地,兩義不合。案:書中既稱山林、險阻、沮澤,凡難行之道,則其含義較廣,用"汜"難以概括,解作"汜",亦似有疑。今仍作"圮",並存"汜"説。

③衢(qú)地合交:在多國交界、四通八達之地段應結交諸侯。衢,四通八達的道路。合交,交,原指互相接觸。合,指結交鄰國。曹操注:"結諸侯也。"原本"合交"作"交合",而《武經》本則作"合交"。孫校本依《書鈔》改"合交"。《九地篇》有"衢地則合交"語,故從之。

④絕地無留:言道路不通、糧草缺乏之地,難以生存,不可留止。絕,斷絕。李筌注:"地無泉井、畜牧、采樵之處爲絕地,不可留也。"(《十一家本》"采樵"作"來樵",孫校本爲"采樵",疑"來樵"爲抄錄之誤,據改。——筆者)張預注:"去國越境而師者,絕地也……不可淹留久止也。"

⑤圍地則謀:指險阻環繞、進退不便、易被包圍之地區應多使用謀略。圍,環繞、包圍。謀,指使用謀略。曹操注:"發奇謀也。"賈林曰:"居四險之中曰圍地。敵可往來,我難出入,居此地者,可預設奇謀,使敵不爲我患,乃可濟也。"

⑥死地則戰:指走投無路之絕地,應決死奮戰。死,死亡,與"生"、

"活"相對應。《九地篇》云："疾戰則存,不疾戰則亡者,爲死地。"
又云："無所往者,死地也。"

⑦塗有所不由:謂有的道路不要通過。塗,道路。賈林注:"由,從
也;途且不利,雖近不從。"梅堯臣注:"避其險阨也。"《竹簡》本
《四變》此句下有"釋文":"徐(途)之所不由者,曰:淺入則前事不
信,深入則後利不楼(接)。動則不利,立則囚。如此者,弗由
也。"可參。

⑧軍有所不擊:謂有些敵軍不宜去攻擊。《竹簡》本《四變》此句
下"釋文"云:"軍之所不毄者,曰:兩軍交和而舍,計吾力足以
破其軍,獲其將。遠計之,有奇執(勢)巧權於它,而軍……□
將,如此者,軍唯(雖)可毄,弗毄也。"張預注:"縱之而無所
損,克之而無所利,則不須擊也。又若我弱彼强,我曲彼直,亦
不可擊。"

⑨城有所不攻:謂有些城邑不宜攻取。《竹簡》本《四變》此句"釋
文"云:"城之所不攻者,曰:計吾力足以拔之,拔之而不及利於前,
得之而後弗能守,若力□之,城必不取。及於前,利得而城自降,
利不得而不爲害於後。若此者,城唯(雖)可攻,弗攻也。"曹操
注:"城小而固,糧饒,不可攻也。"

⑩地有所不爭:謂有些地段可不必爭。《竹簡》本《四變》"釋文"云:
"地之所不爭者,曰:山谷水□無能生者,□□□而□□……虛。
如此者,弗爭也。"王晳注:"謂地雖要害,敵已據之,或得之無所
用,若難守者。"劉寅本:"地有所不可爭者,爭而得之無利於我,不
爭反爲吾所利也。"

⑪君命有所不受:言君主之命令若不符合當時當地情況可不予接
受。《竹簡》本《四變》"釋文"云:"君令有所不行者,君令有反此
四變(即上述"途有所不由"等四項)者,則弗行也。"曹操注:"苟
便於事,不拘於君命也。"賈林注:"決必勝之機,不可推於君命;苟

利社稷,專之可也。"意近。

⑫九變:機變行事,即靈活多變地運用原則。對"九變"之"九",歷來説法不一,約有三説。一説:九者,數之極,九變即多變,並非定然指九種變化。如曹操注:"九變,一云五變。"賈林注:"五利、五變,亦在九變之中。遇勢能變則利;不變則害。"曹、賈所指五利、五變,當指"塗有所不由,軍有所不擊,城有所不攻,地有所不爭,君命有所不受"五事。二説:九變爲實指,是指本篇"圮地無舍"至"地有所不爭"等九事。但此説難圓之處是未將下一句"君命有所不受"包涵在内,若加此句,則爲"十變"。三説:《九變》之篇題原本無錯,只因後學在傳抄時,將《軍爭篇》與《九變篇》及《九地篇》的部分内容相混,以致産生錯訛。提出此項解釋的爲元代張賁,贊成並加以推行的爲劉寅與趙本學。如劉寅據張賁説,認定《軍爭篇》末簡"高陵勿向"以下八句通此篇"絶地無留"一句,共爲九變。其"圮地無舍,衢地合交,圍地則謀,死地則戰"四句,爲《九地篇》文,本誤入此篇,應斷爲錯簡。劉以此説"甚是有理",故暫從之(參閱劉寅本《九變第八》)。

　　竊認爲,二説有難圓之處,三説爲移花接木,有參考價值,但無實據,姑存之。本書從一説。

　　"九變之利者",孫校本云"原本'利'上有'地'字",但下句"將不通於九變之利者",無"地"字,故删。

⑬五利:一説指上文"塗有所不由,軍有所不擊,城有所不攻,地有所不爭,君命有所不受"這五事之利。另一説,指圮、衢、絶、圍、死五地,王晳曰:"雖知五地之利,不通其變,如膠柱鼓瑟耳。"本書從前説。

⑭得人之用:充分發揮士卒之作戰能力。得,原意爲取得、獲得,此處指發揮。

【疏解】

《孫子》中出現"九"字處有"九變"、"九天"、"九地"。一般認爲，"九"爲"數之極"，以"九"爲"多"。

若問爲何數之極爲九而非十，應追溯於"易"。《周易》簡稱"易"，後稱"易經"。《易經》主張以數位之不同與變異來推知世間之各種物象，《易傳》中"大衍之數"具體地通過數位之分割與變換，得出不同卦象，再以取象方法推演人世間各種吉凶禍福。

照易家之見，九與六爲兩特殊數位，九表老陽，六表老陰。陰陽發展到一定程度，將轉化爲其對立面。而"老陰"與"老陽"則處於轉化之關鍵期，或稱"契機"。《易傳》云，大凡事物皆"物極必反"，如在"乾"卦裏，初九表下位，九二、九三、九四，依次上升到"九五"，便是"飛龍在天"，成爲最高統治者。上九比九五還高一層，可是到上九就成"亢龍"而"有悔"了。《文言》（《易傳》中專門解釋"乾"、"坤"兩卦的篇名。——筆者）解釋道："亢龍有悔，窮之災也。"只要到上九，就是盈滿之數，就"窮則變"了。此時的"亢龍"，若"知進而不知退"，結果是退；"知存而不知亡"，結果是亡；"知得而不知喪"，結果是喪。《易傳》斷言，物極而反乃事物變化時遵循的一項法則，無人能逃其外。故此，人們在"九"這一臨界點上，應未雨綢繆，防範其轉化。

《孫子》中用"九"，顯然已認識到"九"是極限之數。他用"九天之上"和"九地之下"，並非真的以爲有九重天或九重地，只是言其深不可及和高不可測；至於"九變"，也是言其變化莫測，無以應對。

易學對當時的學界影響之大、之深，還有一旁證，即與孫子同時代（略早）之孔子對"易"也情有獨鍾。孔子曰："南人有言曰：'人而無恒，不可以作巫醫。'善夫！'不恒其德，或承之羞'。"又說："不占而已矣。"（《論語·子路》）"不恒其德，或承之羞"，是恒卦九三的爻辭。孔子引以證明人必須有恒；又說"不占而亡矣"，即不必占卦便可以引用這一爻作爲教訓。孔子對"易"的熟識程度至此，同時代的孫子受

《易》之影響也不爲怪。

是故，智者之慮①，必雜於利害②。雜於利而務可信③也，雜於害而患可解④也。

【校注】

①智者之慮：聰明的將帥思考問題。慮，思慮、思考。《尚書·太甲》："弗慮胡獲，弗爲胡成。"

②雜於利害：兼顧利、害兩面。雜，原意爲顔色不純，引申爲攙雜、混合、兼顧。曹操注："在利思害，在害思利，當難行，權也。"趙注本："以利害兩端，往來胸中，而斟酌之也。"

③雜於利而務可信：（在不利的情況時）能看到有利一面，事情可順利進行。王晳注："曲盡其利，則可勝矣。""雜於利"可釋爲（害時）兼顧到利。而，連詞。務，指事務、事情。信，"伸"之假借字，指伸展，如《易·繫辭》"尺蠖之屈以求信也"。《竹簡》本作"故務可信"。

④雜於害而患可解：言兼顧困難或危害，便可預防發生禍患或意外。解，化解、消除。《荀子·臣道》："遂以解國之大患，除國之大害"。《竹簡》本作"故憂患可[解]"。

是故，屈諸侯者以害①，役諸侯者以業②，趨諸侯者以利③。

【校注】

①屈諸侯者以害：謂如欲使諸侯屈服，便應以敵國所惡之事傷害之。諸侯，此處特指敵國。屈，本意爲彎曲，引申爲屈服、屈從。曹操注："害其所惡也。"

②役諸侯者以業：如欲役使諸侯的，便應造成很多事端去困擾它。役，驅使、役使、奴役。《荀子·正名》："夫是之謂以己爲物役矣。"業，事業。曹操注："業，事也。"張預注："以事勞之，使不得

休。"此處的"業"也有解作"危懼"者,備參。

③趨諸侯者以利:如欲使諸侯歸附,便可用利引誘它。(一説以小利引誘調動敵人,使之奔走無暇。若此説然,似與"役諸侯者以業"意近,故不取。)趨,本意爲快步而行,引申爲投奔、奔赴、歸附,如《荀子·議兵》"故近者歌謳而樂之,遠者竭蹶而趨之"句中之"趨"即歸附意。

故用兵之法:無恃其不來,恃吾有以待也①;無恃其不攻,恃吾有所不可攻也②。

【校注】

①無恃其不來,恃吾有以待也:意謂不應寄希望於敵之不來,而應依仗已有充分之準備。恃,依仗、憑籍,亦可作"寄希望於"。有以待,有所準備以待敵。待,等待,引申爲有準備。梅堯臣注:"所賴者,有備也。"古語云"不備不虞,不可以爲師",意近。

②無恃其不攻,恃吾有所不可攻也:意謂未可寄希望於敵之不攻,而應備足實力使敵不敢攻或攻不克。曹操注:"安不忘危,常設備也。"王晢注:"備者,實也。"

故將有五危①:必死,可殺也②;必生,可虜也③;忿速,可侮也④;廉潔,可辱也⑤;愛民,可煩也⑥。凡此五者,將之過也,用兵之災也。覆軍殺將,必以五危,不可不察也⑦。

【校注】

①五危:五項致命弱點。

②必死,可殺也:(此方對彼方)一意死拼之將,可能被殺。必,堅持、固執、一定。《論語·子罕》:"毋意,毋必,毋固,毋我。"曹操注:"勇而無慮,必欲死鬥,不可曲撓,可以奇伏中之。"

③必生,可虜也:一味貪生且怯懦不前之將,可能被虜。張預注:"臨陣畏怯,必欲生返,當鼓噪乘之,可以虜也。"

④忿速，可侮也：言將帥急躁易怒，易受對方之挑逗者，可用侮弄與欺負待之。忿，忿怒、生氣。速，快、迅速，此處引伸爲急躁、偏執。李筌注："急疾之人，性剛而可侮致也。"

⑤廉潔，可辱也：言將帥過於潔身自好，重名節，則極易被流言中傷，可玷辱之。曹操注："廉潔之人，可汙辱致之也。"極是。"廉潔"，《竹簡》本作"潔廉"。

⑥愛民，可煩也：言將帥若過分憐民、惜民，而不能審度利害，則會因煩勞而被困。愛，在此有憐惜、同情、捨不得之意。煩，煩勞、相煩。曹操注："愛民者，則必倍道兼行以救之，救之則煩勞也。"張預注："民雖可愛，當審利害；若無微不救，無遠不援，則出其所必趨，使煩而困也。"

⑦覆軍殺將，必以五危，不可不察也：此言軍隊覆滅，將帥被殺，必因此五種危害，不可不弄明白。覆，傾覆、覆亡、滅亡。《左傳·隱公十一年》："吾子孫其覆亡之不暇，而況能禋祀許乎？"

行軍篇

【題解】

　　《九變》之後，繼言《行軍》，乃因知九地之變，然後可擇利而行軍，故次《九變》。

　　"行軍"指行軍佈陣以及軍隊的駐紮。"行"，音"xíng"，原指道路、行走。《詩經·豳(bīn)風·七月》："遵彼微行。"古時道路縱橫交錯，尤其是井田制，形成特有道路規則，因而"行"引申爲行列、隊伍、陣勢。"軍"，指屯兵、駐紮（《史記·項羽本紀》"軍彭城東"，即此）。本篇之着力點在安置軍旅（"處軍"）與觀察敵情（"相敵"），其中，對審視與判斷敵情之方法列舉甚細。曹操注："擇便利而行也。"王晢注："行軍當據地，便察敵情也。"篇中還論及"令之以文，齊之以武"的治軍原則。

　　孫子曰：凡處軍相敵①，絕山依谷②，視生處高③，戰隆無登④，此處山之軍也。絕水必遠水⑤，客⑥絕水而來，勿迎之于水内，令半濟而擊之⑦，利。欲戰者，無附⑧于水而迎客，視生處高，無迎水流⑨，此處水上之軍也。絕斥澤⑩，惟亟去⑪無留，若交軍於斥澤之中，必依水草而背衆樹⑫，此處斥澤之軍也。平陸處易⑬而右背高⑭，前死後生⑮，此處平陸之軍也。凡此四軍⑯之利，黃帝之所以勝四帝也⑰。

【校注】

①處軍相敵：言行軍作戰時在各種地形上處置（安放）軍隊之要領以及察看駐地是否妥貼。處，處置、部署，安頓。相敵，徵候判斷，指觀察、判斷敵情。相，視、觀察，如《書·召誥》："成王在豐，欲宅洛邑，使召公先相宅。"

②絕山依谷：言通過山地時，應傍依溪谷行進。絕，越過、穿越。依，依靠、傍着。梅堯臣注："前爲山所隔，則依谷以爲固。"

③視生處高：謂居高向陽。此處的"視生"乃向陽之意。視，原意爲看、審察，此處轉意爲指向。生，産生、生長，引伸爲生機。曹操注："生者，陽也。"

④戰隆無登：意爲如敵方佔據高地，不可仰攻。《竹簡》本作"戰降毋登"。"隆"（有本作"降"）有兩説，一説，以"降"爲解。如杜佑注云："降，下也……戰於山下，敵引之上山，無登逐也。"張預同此説。經查，古"隆"從"降"聲，"隆"、"降"可通假。《竹簡》本"戰降毋登"即爲"戰隆毋登"。又則，産生於漢代的《説文》中無"隆"字，可知"隆"當爲後起字。《孫子》書中，"戰降無登"改爲"戰隆無登"應是後人傳抄之誤。另一説，以"隆"爲解。杜牧注："隆，高也。"梅堯臣注曰："敵處地之高，不可登而戰。"言敵人在隆，我不可自下往高迎敵。兩説皆可。

⑤絕水必遠水：謂我過水而駐軍，則必以遠離水爲宜。張預注："凡行軍過水，欲舍止者，必去水稍遠。一則引敵使渡，一則進退無礙。"絕，《説文》曰"絕，斷絲也"，引伸爲跨越。

⑥客：指進攻之敵軍。中國古兵法中將交戰雙方之守方稱爲主，攻方稱爲客。《禮記·月令》注"爲客不利"，疏引正義曰："起兵伐人者，謂之客。"

⑦半濟而擊之：言乘敵軍部分已渡、部分未渡時予以攻擊，此時敵首尾不接，行列混亂，攻擊較有利。濟，渡水。"半濟"亦稱"半渡"。

⑧附:依附,轉意爲靠近。

⑨無迎水流:切勿迎水流於敵軍下游駐紮或佈陣,防止其決堤淹我或順流來攻。曹操注:"恐溉我也。"賈林注:"水流之地,可以溉吾軍,可以流毒藥。迎,逆也。"迎,正對着。

⑩絕斥澤:謂(迅速)跨越鹽鹼鹵沼澤地面。斥,斥鹵,鹽鹼地。《尚書·禹貢》"厥土白墳,海濱廣斥"注:"斥,謂地城鹵。"澤,沼澤。斥澤,指鹽鹼沼澤地帶。《竹簡》本"斥"作"沂",斥讀 chì,簡文"沂"疑爲"泝"之形誤。"泝"爲"溯"的異體字,"斥"、"沂"音近。

⑪惟亟去:趕快離開。惟,獨、只;此處作"宜"解。亟,急迫。

⑫必依水草而背衆樹:言謂必須靠近水草而背靠樹林。張預注:"不得已而會兵於此地,必依近水草以便樵汲,背倚林木以爲險阻。"《竹簡》本"依"上無"必"字。"衆樹",有注者謂"衆"即"叢",因"衆"古作"蒅","背衆樹"指背依樹林。背,背靠、身後靠。

⑬平陸處易:在平原地帶駐紮,應選地勢平坦、便於車戰之地帶。平陸,平原地帶。易,平,此指平坦之地。

⑭右背高:一説,以背靠高地爲上。右,上之意。古時尚右,即較高之位置。《管子·七法》:"以煉卒精鋭爲右。"另一説,指右翼應依靠高處。《史記·淮陰侯列傳》中有"兵法:右倍山陵,前左水澤"之説,此處的倍即"背",意思是右面、後面靠着山,前面、左面靠着水。兩説均可。

⑮前死後生:一説,前爲向陽,後爲背陰。若此,此句應爲前生後死,如王晳注:"凡兵皆宜向陽,既後背山,即前生後死,疑文誤也。"另一説,前爲高,後爲下,如杜牧注引:"太公曰:死者,下也;生者,高也。下不可以禦高。"《淮南子·墬形訓》"高者爲生,下者爲死",高誘注:"高者陽,主生;下者陰,主死。"兩説皆通。按曹操注"戰,便也",即只要方便於作戰,便可,其説是。

⑯四軍:指上述山、水、斥澤、平陸四種地形條件下的處軍原則。"凡

此四軍之利",《竹簡》本無"此"字。

⑰黃帝之所以勝四帝也:黃帝之所以能夠戰勝四帝之重要原因。劉寅本:"諸葛亮曰:山陵之戰,不升其高;水上之戰,不逆其流;草上之戰,不涉其深;平地之戰,不逆其虛。此兵之利也。"梅堯臣與王晢注皆謂"四帝"乃"四軍"之誤,何氏亦同此説。但其餘版本非之。曹操注:"黃帝始立,四方諸侯無不稱帝,以此四地勝之也。"《竹簡》本《黃帝伐赤帝》篇有:"(黃帝南伐)赤帝……東伐□帝……北伐黑帝……西伐白帝……已勝四帝,大有天下。"可知,原文應作"四帝",一般泛指炎帝、蚩尤等人。

　　黃帝,即軒轅氏,上古時部族聯盟首領。《史記·五帝本紀》:"黃帝者,少典之子,姓公孫,名曰軒轅。"相傳曾戰敗各方部落,統一了黃河流域,後人傳爲漢族祖先。

　　凡軍好高而惡下①,貴陽而賤陰②,養生而處實③,軍無百疾,是謂必勝④。丘陵隄防,必處其陽而右背之。此兵之利,地之助也⑤。上雨,水沫至⑥,欲涉者,待其定也。凡地有絶澗⑦、天井⑧、天牢⑨、天羅⑩、天陷⑪、天隙⑫,必亟去之,勿近也。吾遠之,敵近之;吾迎之,敵背之。軍旁有險阻⑬、潢井葭葦⑭、山林蘙薈⑮者,必謹覆索之⑯,此伏姦之所處也⑰。

【校注】

①好高而惡下:喜歡高處而厭惡低處。張預注:"居高則便於覘望,利於馳逐;處下則難以爲固,易以生疾。"好(hào),喜歡。孫校本曾依《御覽》、《通典》之引文改"好"爲"喜",姑存之。惡(wù),厭惡。

②貴陽而賤陰:重視陽面而迴避陰面。陽,向陽乾躁之地;陰,陰暗濕冷之地。古人以日照爲准,山南爲陽,山北爲陰;水北爲陽,水南爲陰。梅堯臣注:"處陽則明順,處陰則晦逆。"

③養生而處實:意爲接近水草,保持物資供應之方便。養生,指靠近水草,糧食充足,人馬得以休養生息。處實,指軍需物資供應有可靠的倚托。梅堯臣注:"養生便水草,處實利糧道。"

④軍無百疾,是謂必勝:軍隊百病不生,有必勝把握。《竹簡》本作"無百疾"三字,其餘疑脱。梅堯臣、張預於"必勝"之後注"疾氣不生"或"疾厲不作",而杜牧注則明言"百疾不生,然後必可勝"。

⑤地之助:指得自地形之輔助。

⑥上雨,水沫至,欲涉者,待其定也:謂上游下雨,河水暴漲,雜草樹枝會集聚而至,部隊若欲渡水,須待水勢平穩後再涉。《竹簡》本作"上雨水,水流至"。《十一家注》作"欲涉者",《竹簡》本爲"止涉"。上,指上游。沫,水上的雜草碎沫。涉,指渡水。定,水勢平穩。

⑦絶澗:兩岸峭壁、水流其間之險惡地形。《詩·召南·采蘩》:"于澗之中。"毛亨傳:"山夾水曰澗。"又各本皆作"凡地有絶澗"。《竹簡》本此處爲"其定□□□天井、天窖……"中缺三字,無"絶澗"。參照此句所列地名如"天井"、"天牢"、"天羅"、"天陷"等皆以"天"爲名,而此處"澗"獨稱"絶"而非稱"天",王晳注:"'絶澗'當'絶天澗',脱天字耳。"且作"絶天澗"與《竹簡》本字數符,與"天井"等五地相類,並列爲六地。絶,越渡之義。吳九龍主編《孫子校釋》以爲據,從改。此説存之,暫不改。

⑧天井:指四周高峻,中間低窪、積水之地形。曹操注:"四方高,中央下爲天井。"

⑨天牢:高山峻嶺、險象環生、易進難出之地。梅堯臣注:"三面環絶,易入難出。"《竹簡》本有"天窖",當即"天牢"。"牢"、"窖"義通。

⑩天羅:草深林密,軍隊進入後如陷羅網、無法擺脱之地形。梅堯臣注:"草木蒙密,鋒鏑莫施。"《竹簡》本有"天離",當即"天羅"。

"離"，《説文》云"黄倉庚也……從隹離聲"；又《説文》"罹（lí）"字曰"心憂也，從網"，古多通用"離"。可見，《竹簡》本之"離"與"罹"通，"罹"與"羅"因形近而訛。"罹"、"離"音近義通。

⑪天陷：地勢低窪（wā），泥濘易陷，車輿（yú）難行之地。陷，陷井。曹操注："地形陷者爲天陷。"張預注："陂地泥濘，漸車凝騎。"《竹簡》本有"天翹"，疑或即爲"天陷"。

⑫天隙：指兩山之間狹窄難行之谷地。曹操注："山澗道路迫狹，地形深數尺、長數丈者爲天隙。"隙，縫隙、裂縫，此處指狹隙。《竹簡》本有"天郤"，"隙"、"郤"音同義通。案：以上"天井"、"天牢"等"天"，均指"天然"形成。

⑬軍旁有險阻：言進軍途中遇峭壁懸崖和多水地段。《爾雅·釋名》："山巘曰險，水隔曰阻。"曹操注："險者，一高一下之地；阻者，多水也。""軍旁"，《十一家注》作"軍行"，孫校本依《通典》卷一五〇、《御覽》卷二九一、三〇六改作"軍旁"。另據《武經》本，亦作"軍旁"。《史記·孫子吳起列傳》中孫臏曰"馬陵道陜（狹），而旁多阻隘"，亦言"旁"，故以孫校本爲是。

⑭潢井葭葦：指長滿蘆葦之低窪地帶。潢（huáng）井，窪陷積水之地。《説文》："潢，積水池。"曹操注："潢者，池也；井者，下也。"葭（jiā）葦，蘆葦。古曰：初生爲葭，大爲蘆，成則爲葦。曹操注："衆草所聚。"又，葭葦，《武經》本將"葭葦"作"蒹葭"，查《竹簡》本作"□葦"，此□處應當作"葭"，故仍依原本。

⑮山林蘙薈（yìhuì）：指草木繁茂的山林地帶。蘙薈，指草木茂盛、便於隱蔽之處。蘙，原意爲遮蔽；薈，草木繁盛貌。曹操注："可遮罩之處也。"又，《武經》本"山林"作"林木"，《竹簡》本作"小林"；另，《竹簡》本"蘙薈"爲"醫薈"，下又有"可伏匿者"四字，可參。

⑯必謹覆索之：必須仔細、反復地搜索。謹，慎重小心。"必謹覆索

之",《竹簡》本無"必"字。

⑰伏姦之所處:奸細藏匿之地。伏,藏匿、埋伏。姦,奸細。《武經》本作"此伏姦之所"。

敵近而靜者,恃其險也;遠而挑戰者①,欲人之進也;其所居易者,利也②。衆樹動者,來也③;衆草多障者,疑也④;鳥起者,伏⑤也;獸駭者,覆也⑥。塵高而銳者,車來也⑦;卑而廣者,徒來也⑧;散而條達者,樵采也⑨;少而往來者,營軍也⑩,辭卑而益備者,進也⑪;辭彊而進驅者,退也⑫;輕車先出,居其側者,陳也⑬;無約而請和者,謀也⑭;奔走而陳兵車者,期也⑮;半進半退⑯者,誘也。杖而立⑰者,飢也;汲而先飲⑱者,渴也;見利而不進者,勞⑲也。鳥集者,虛也⑳;夜呼者,恐也㉑;軍擾者,將不重也㉒;旌旗動者㉓,亂也;吏怒者,倦也;粟馬肉食㉔,軍無懸瓿㉕,不返其舍者,窮寇㉖也。諄諄翕翕㉗,徐言入入㉘者,失衆也㉙;數賞者,窘也㉚;數罰者,困也㉛;先暴而後畏其衆㉜者,不精㉝之至也;來委謝㉞者,欲休息也㉟。兵怒而相迎,久而不合㊱,又不相去,必謹察之㊲。

【校注】

①遠而挑戰者:敵遠離我,卻出來挑戰。陳皞注:"敵人相近而不挑戰,恃其守險也;若遠而挑戰者,欲誘我使進,然後乘利而奮擊也。"《竹簡》本作"敵近而□者,恃其險也……","近"、"遠"上有"敵"字,通。

②其所居易者,利也:敵軍於平地駐紮,因有利(進退自若)才這樣做。張預注:"敵人舍險而居易者,必有利也。或曰,敵欲人之進,故處於平易,以示利而誘我也。"易,平易,此處指平地。此句《竹簡》本作"其所居者易……",《十一家注》及《武經》本皆作"其所居易者,利也"。孫校本言:"杜佑、賈林諸家,皆以此承上文言之,

不別爲一事。則‘者’字應在‘易’字上，後人以上下文比例之臆改在下耳。”其説與《竹簡》本“其所居者易”合。案：此説可供參考。今仍從《十一家注》。

③衆樹動者，來也：樹叢晃動，是有敵軍前來。曹操注：“斬伐樹林，除道進來，故動。”

④衆草多障者，疑也：於雜草叢生處多設障礙，是試圖使我方迷惑。曹操注：“結草爲障，欲使我疑也。”疑，使迷惑、困惑。

⑤鳥起者，伏也：伏，伏兵。曹操注：“鳥起其上，下有伏兵。”

⑥獸駭者，覆也：若獸類驚駭四處逃竄，是敵軍大舉來襲。梅堯臣注：“獸驚而奔，旁有覆。”李筌注：“不意而至，曰覆。”駭，驚駭、受驚；覆，傾覆、覆没，引申爲敵軍鋪天蓋地大舉來襲。

⑦塵高而鋭者，車來也：鋭，尖。飛塵高而尖，是戰車馳來之徵候。杜佑注：“車馬行疾，塵相沖，故高也。”

⑧卑而廣者，徒來也：飛塵低而廣闊，是敵方步兵襲來。張預注：“徒步行緩而跡輕，又行列疏遠，故塵低而來。”卑，低下。廣，寬廣。徒，步卒。

⑨散而條達者，樵采也：塵土散漫而有致，時斷時續，是敵方在砍伐木柴。樵采，打柴。敵拖柴而行，則塵土四散飛揚。杜牧注：“樵采者，各隨所向，故塵埃散衍。條達，縱橫斷絶貌也。”有學者疑“樵采”乃“采樵”二字互倒。采，訓“伐”，“樵”是木柴，“采樵”即採伐木柴。《左傳·桓公十二年》：“莫敖屈瑕曰：‘請無扦采樵者以誘之’。”可爲佐證。此説備參。又，《十一家注》等皆以“樵采”爲解，唯李筌注云：“煙塵之候，晉師伐齊，曳柴從之。齊人登山，望而畏其衆，乃夜遁，薪來即其義也。”此處筌以“樵采”二字爲“薪來”解。案：上説難於成立，因砍柴勢必會“塵埃散衍”，而砍柴者必會拖柴，從而有“散而條達”，此題中應有之義，並非只有“薪來”才如此。

⑩少而往來者,營軍也:塵土雖少卻此起彼落,是敵方在察看地形,準備安營紮寨。梅堯臣注:"輕兵定營,往來塵少。"《竹簡》本"其所居者易"後缺字,僅存"軍者也"三字。

⑪辭卑而益備者,進也:敵派出之使者,言詞謙卑,是掩蓋着加緊備戰,打算進犯的行動。曹操注:"其使來,卑辭使閑視之,敵人增備也。"卑,謙卑,恭敬。益,增加、更加。辭,同"詞"。《竹簡》本此句中"卑"作"庳"。

⑫辭彊而進驅者,退也:措辭強硬而又示以馳驅進逼之形,是打算撤退。王皙注:"辭強示進形,欲我不虞其去也。"《竹簡》本此句作"辭強而□毆驅者",空處當係"進"字。

⑬輕車先出,居其側者,陳也:戰車先駛出營寨,擺在側翼,是在布列陣勢。陳(zhèn),排列佈陣之意。《論語·衛靈公》"衛靈公問陳於孔子",即問陣於孔子。《竹簡》本此句爲"居厠(側)",義同。

⑭無約而請和者,謀也:敵方未陷入困境卻主動請和,必内藏奸謀。趙本學注:"先無和約,臨陣之時,驟使來請,此必有奸謀也。"約,捆縛,套也。此處爲屈曲、困屈、受制之意。

⑮奔走而陳兵車者,期也:敵方急速奔走,擺開兵車陣勢者,是期求與我作戰。期,期求。《韓非子·五蠹》:"聖人不期修古,不法常可。"

⑯半進半退:似進非進,似退非退貌。梅堯臣注:"進退不一,欲以誘我。"《竹簡》本作"半進者",無"半退"二字。

⑰杖而立:指敵軍依着兵器站立。杖,原意爲拐杖,此處指兵器。杖,又有"依"義,作動詞,即靠托兵器。

⑱汲而先飲:士卒打水,未歸營而先飲。汲,從井中打水。《竹簡》本作"汲役先飲"。汲役,汲水役夫。

⑲勞:疲勞。杜佑注:"士疲勞也。"《竹簡》本"勞"下又有"拳"字,乃"倦"之假。

⑳鳥集者,虛也:群鳥集中其上,則示其下營壘已空。杜佑注:"敵大作營壘,示我衆,而鳥集止其上者,其中虛也。"《左傳·襄公十八年》:"叔向告晉侯曰:'城上有烏,齊師其遁?'"

㉑夜呼者,恐也:敵士卒夜晚呼喊,是爲壯膽,實爲恐懼有加。張預注:"將無膽勇,不能安衆,故士卒恐懼而夜呼。"《竹簡》本中"夜呼"作"夜嘑"。

㉒軍擾者,將不重也:敵軍多自驚擾恐慌,是表明將領令不嚴,無威容,不持重。李筌注:"將無威重,則軍擾。"《竹簡》本"擾"借作"獶"。

㉓旌旗動者,亂也:此言敵軍之旌旗呈無規則之擺動狀,表明陣脚已亂。杜佑注:"旌旗謬動,抵東觸西,傾倚者,亂也。"杜牧注:"魯莊公敗齊於長勺,曹劌請逐之,公曰,若何? 對曰,視其轍亂而旗靡,故逐之。"此即是。

㉔粟馬肉食:指敵軍以糧食喂馬,殺牲口吃。粟,小米,古時又以粟爲糧穀之總稱,此處泛指糧食。

㉕軍無懸瓿(fǒu):指軍隊收起炊具。瓿,同"缶",汲水的瓦器,此泛指炊具。王晢注:"粟馬肉食,所以爲力且久也;軍無瓿,不復飲食也;不返舍,無回心也,皆謂以死決戰耳。"《竹簡》本"瓿"作"甀","甀"乃"瓿"字之古體。經查,甀爲汲水用的尖底瓦器,因器呈尖形,不用時以繩懸之,故曰"懸甀"。《十一家注》作"瓿",疑爲"甀"之誤字。

㉖窮寇:走投無路,不死戰即無望存活之敵寇也。

㉗諄諄翕翕(xī):懇切和順貌。諄,懇切。翕,通"習"。習習,和舒貌。《竹簡》本作"□□閒閒","閒閒"當爲"翕翕"之借字。王晢注:"諄諄語誠懇之貌,翕翕者患其上也。將失人心,則衆相與語,誠懇而患其上也。"此言將軍中人等竊語誹議主將之情貌描述甚切。

㉘徐言入入:謂低聲下氣同部屬講話。《十一家注》、《武經》本皆作
"徐與人言",而《竹簡》本則作"□言人",孫校本作"徐言入入"。
據推測,"人"或"入"之誤,"入入"乃言吞吞吐吐之意,"徐言入
入"謂欲言又止,低聲下氣之意。有學者解"入入"爲"言語艱難,
説不出口",猶如"訥訥"。可參。徐,緩慢,《莊子·天道》:"不徐
不疾。"

㉙失衆也:謂敵將失卻人心。《竹簡》本作"失其衆者也",義同。

㉚數賞者,窘也:將領一再犒賞士卒,是懼怕下屬叛離,分明已處於
窘迫之境。梅堯臣注:"勢窮憂叛離,屢賞以悦衆。"

㉛數罰者,困也:敵軍官一再處罰士卒,是已陷入困境。杜牧注:"人
力困弊,不畏刑罰,故數罰以懼之。"

㉜先暴而後畏其衆:指將領先是對下屬士卒十分暴厲,後又怕士卒
不滿而離散,便心生恐懼。李筌注:"先輕後畏,是勇而無剛。"

㉝不精:不精明。精,精細明察。

㉞委謝:有兩説。一説,敵欲休兵,托詞派使者謝罪。委,托借。謝,
賠禮、謝罪。《戰國策·秦策》:"自跪而謝。"另一説,"委"乃"氣
委"之意,"委謝"意指兵勢已窮或有他故,必欲休息,故來謝罪。
賈林注:"氣委而言謝者,欲求兩解。"可參。本書以一説爲善。

㉟欲休息也:欲休兵息戰也。

㊱久而不合:言久而不戰。合,交戰。《史記·蕭相國世家》:"臣等
身被堅執鋭,多者百餘戰,少者數十合。"

㊲必謹察之:必須謹慎觀察。《竹簡》本"之"作"此"。

**兵非多益①,惟無武進②,足以併力、料敵、取人而已③。
夫惟無慮而易敵④者,必擒於人。**

【校注】

①兵非多益:意謂兵力並非越多越好。此句《十一家注》作"兵非益
多也",而《竹簡》本作"兵非多益"。就韻讀與文義言,《竹簡》本

爲佳，故從之。賈林注：“不貴衆擊寡，所貴寡擊衆。”王晳注：“不
以多爲益。”

②武進：迷信武力，恃武輕進。王晳注：“不可但恃武也，當以計智料
敵而行。”

③足以併力、料敵、取人而已：指能做到集中兵力、善斷敵情、獲取人
心即足矣。併力，集中兵力。料敵，觀察判斷敵情。取人，善於用
人和爭取人心。李筌注：“兵衆武用力均，惟得人者勝也。”

④無慮而易敵：無深謀遠慮又輕易應敵。易，輕視、蔑視。《左傳·
僖公二十二》年：“國無小，不可易也。”（臧文仲語）此處之“易”爲
輕視，言國無大小，皆不可輕視。

【辯證】

《孫子》裏出現“力”字處有三篇：一、《作戰篇》：“其用戰也，勝，久
則鈍兵挫銳，攻城則力屈”；“夫鈍兵挫銳，屈力殫貨，則諸侯乘其弊而
起，雖有智者，不能善其後矣”。二、《行軍篇》：“兵非多益，惟無武進，
足以併力、料敵、取人而已”。三、《九地篇》：“謹養而勿勞，併氣積
力”；“投之無所往，死且不北，死焉不得，士人盡力”。

孫子在不同篇章談“力”，涵義不盡相同，他所説的“力”究竟指什
麼，有商討之餘地。

以《作戰篇》的“屈力殫貨”爲例，多數注者認爲此處之“力”指財
力、兵力或人之體力，如杜牧曰“財力俱困”，賈林曰“人離財竭”，張預
曰“兵已疲矣，力已困矣，財已匱矣”。至於在人力、財力之背後，還有
更爲强人的一種支撐力是社會經濟力，則大多未提。只有《行軍篇》的
“足以併力、料敵、取人”和《九地篇》的“併氣積力”兩處，有個別注者
涉足經濟力，此人即曹操。他在爲前一篇作注時云“厮養足也”，指經
濟力充足，補給無問題；在爲後一篇作注時又云“養士併氣，運兵爲不
可測度之計”，所謂“養士”仍是指“供養”士卒，照他所説，原因又是經
濟力量强，補給無問題。

細察《孫子》一書,原本就是將兵力、財力和更深一層的社會經濟力連在一起思考的。

仍以"屈力殫貨"爲例。爲什麼會"屈力殫貨",是因爲"久暴師則國用不足",也是由於軍隊長期在外作戰("久暴師"),再加上攻城受挫("攻城則力屈"),從而使國家財政經濟("國用")發生困難。這裏凸顯一點:在兵力(或人的體能)背後,隱藏着更爲強大的一種力量,即社會經濟力。而創造此種強大經濟力的正是人的生産勞動。

孫子在另一篇,即《用間篇》,告誡君主爲何不可輕易用兵時,又云:"凡興師十萬,出征千里,百姓之費,公家之奉,日費千金;内外騷動,怠於道路,不得操事者,七十萬家。"此處説的操事者也是指農業生産勞動者,認爲只要出兵打仗,就會有大量民衆承擔繁重的徭役、賦税,又難以正常地從事生産勞動,也不能創造經濟價值。這是孫子在考慮戰爭準備時最爲憂慮的。

縱觀先秦諸子中,對"力"持相似看法者,尚有管子、墨子、韓非子等。

管子云,勞動力的支出是社會一切財富之源泉。君主最應當看重的一件事是不耽誤民衆的生産勞動("力")。《管子・八觀》亦云:"彼民非穀不食,穀非地不生,地非民不動,民非作力,無以致財。""作力"便指生産勞動。

墨子云,人只有出力勞動生産才能生存,不出力勞動生産便不能生存,更遑談用兵作戰。《墨子・非樂上》曰"賴其力者生,不賴其力者不生",把"力"直解爲生産勞動。

韓非子著作晚出,但對"力"的解讀頗值得重視,他説:"不事力而養足,人民少而財有餘,故民不爭。"(《韓非子・五蠹》)意爲:在古時,不從事體力勞動("力")而生活給養充足,是因爲人口稀少而財物剩餘,所以人民不會發生爭奪。此處,更是把"力"也直解爲生産勞動。

前面引證過,曹操作注,之所以獨具慧眼,是因爲曹操作爲軍事家,長年征戰,深知經濟力(含生產勞動)在戰爭中的地位與作用。他的兵學理念是邊打仗,邊生產,保證軍隊給養充足。他帶頭屯田,讓戰士閒時從事生產勞動,此舉頗爲後人所稱道。

卒未親附①而罰之,則不服,不服則難用也;卒已親附而罰不行,則不可用②也。故令之以文,齊之以武③,是謂必取④。令素行⑤以教其民,則民服⑥;令不素行以教其民,則民不服。令素行者,與衆相得⑦也。

【校注】

①親附:親近、依附、歸服。《竹簡》本作"榑親"。附,歸服、順從。

②則不可用也:言不可用以作戰。《竹簡》本作"則不用"。

③令之以文,齊之以武:謂對士卒應寬厚仁德,同時又應嚴明軍紀,即恩威並重。文,原指古代禮樂制度,引申爲仁德、寬厚。武,刑威、刑罰。曹操注:"文,仁也;武,法也。"杜牧注曰"司馬穰苴文能附衆,武能威敵",是爲適例。

④是謂必取:必能取勝。杜牧注:"文武既行,必也取勝。"此處之"取"訓爲"得","必取"即"必得"。《公羊傳·成公三年》"得曰取",即此"取"之義。

⑤令素行:對命令平素便認真執行。趙注本:"申言行令教民,當行之於素,不可臨敵而後教之也。"素,平常、平時。梅堯臣注:"素,舊也。"

⑥以教其民,則民服:言威令素信,故民聽之而不惑。梅堯臣注:"威令舊立,教乃聽服。"趙注本:"有素則服,不素則不服,蓋素則民心結而相信深。"

⑦與衆相得:指官兵團結和睦,關係融洽。相得,關係好,相投合。梅堯臣注:"信服已久,何事不從。"

地形篇

【題解】

軍出之後，必有地形之諸多變動，故本篇跟在《行軍篇》之後。

《地形》，指依據作戰要求，按攻守進退之方便與否，論述地形在作戰中的意義及軍隊在不同地形條件下進行戰鬥之若干原則。孫子曰："地形者，兵之助也。"曹操注："欲戰，審地形以立勝也。"趙注本："雖有智勇之將，精强之卒，陣之不得其地，用兵不得其法，猶走驥驥於牆茨之上，鬥猛虎於淖泥之中，不惟不能施其技，且見其自斃以死也。"皆此意。篇中對野戰地形作細緻分類，提出相應之用兵方法。此外，對"兵有六敗"以及爲將職責等問題也有所論及。

孫子曰：地形，有通者①，有挂者②，有支者③，有隘者④，有險者⑤，有遠者⑥。我可以往，彼可以來，曰通。通形者，先居高陽⑦，利糧道⑧，以戰則利⑨。可以往，難以返，曰挂。挂形者，敵無備，出而勝之；敵若有備，出而不勝，難以返，不利。我出而不利，彼出而不利，曰支。支形者，敵雖利我，我無出也，引而去之，令敵半出而擊之⑩，利。隘形者，我先居之，必盈之⑪以待敵；若敵先居之，盈而勿從，不盈而從之。險形者，我先居之，必居高陽以待敵；若敵先居之，引而去之，勿從也。遠形者，勢均，難以挑戰，戰而不利。凡此六者，地之道⑫也，將之至任⑬,不可不察也。

【校注】

①地形,有通者:地形指地理位置及地形特徵,如高低起伏等狀態。通者,地勢平坦,四通八達之地區。《易·繫辭》:"往來無窮謂之通。"

②挂者:指前平後險,易入難出之地段。挂,挂礙、牽阻。梅堯臣注:"網羅之地,往必挂綴。"趙注本:"往則順而下,返則逆而上,後高前低,如物挂者然也。"

③支者:指敵我各有險要可據,誰先出戰便對誰不利之地形。支,支撐、相持。梅堯臣注:"相持之地。"

④隘者:指出口狹窄之地,如兩山間之狹窄通谷。

⑤險者:指地形險要、險峻,如山川並立、地勢陡峭、行動不便之地帶。梅堯臣注:"山川丘陵也。"

⑥遠者:敵我相距較遠。

⑦先居高陽:先佔領高地。

⑧利糧道:保持糧道通暢。賈林注:"通糧道,便易轉運。"

⑨以戰則利:意謂,在平陸地區,若能先敵到達,佔高陽之處,並保持糧道暢通,則爲有利。以,爲也。此承上"先居高陽,利糧道"而言。張預注:"平陸之地尚宜先據,況險阨之所,豈可以致於人,故先處高陽,以佚待勞,則勝矣。"

⑩引而去之,令敵半出而擊之:指率部僞裝退去,令敵前出一半時再行回擊。引,引導、率領。

⑪盈之:用足夠之兵堵守隘口。盈,充滿,《説文》云"盈,滿器也",引申爲堵塞。杜佑注:"以兵陳滿隘形,欲使敵不得進退也。"

⑫地之道:利用地形之原則。道,原則、規律。

⑬將之至任:指將帥擔負最大之責任。至,最、頂級。

【疏解】

"險"，是《孫子兵法》之又一理念。

本篇裏，孫子提出"兵有六敗"、"將有五危"，此"敗"與"危"，均"險"之別稱。陳皞云："一曰不量寡衆，二曰本乏刑德，三曰失於訓練，四曰非理興怒，五曰法令不行，六曰不擇驍果（驍悍果烈，指勇猛強悍），此名六敗也。"賈林注："走、弛、陷、崩、亂、北，皆敗壞大小變易之名也。"均是指險情與危情。其所以會出現此"六敗"，照張預所言，"咎在人事"。此章，孫子論述六類地形時，其中一類爲"險地"，即充滿危情之地。在後面的《九地篇》裏，孫子又將"爭地"（雙方奮力爭奪之地）與"危地"作爲與"險"有關的兩種類別。

如何直面險情？孫子以爲：先要正確判斷危情，即計算風險；次是善於利用危險，化險爲夷，於險中取勝。

現代之科學方法有"概率"之説，"概率"又稱"隨機事件"。一件事可能發生也可能不發生，事件發生之可能有大有小，大或小之數額即稱"概率"。概率判斷對決策者最後下決心至關緊要。《地形篇》中，孫子在分析戰況時提出："知吾卒之可以擊，而不知敵之不可擊，勝之半也；知敵之可擊，而不知吾卒之不可以擊，勝之半也；知敵之可擊，知吾卒之可以擊，而不知地形之不可以戰，勝之半也。"他所強調的"勝之半"，即取勝把握只有百分之五十。此百分比，雖顯粗糙不精，但它卻具有早期概率之涵義。寓意在於：只要戰前有相對準確的判斷，戰爭風險就不可怕，其危害程度也就會降低。

如何化解風險？照孫子所言，含合理用兵、巧設計謀等。其中，還特別強調，應利用危情，即創設一切條件，變不利爲有利，變風險爲坦途。如，"投之亡地然後存，陷之死地然後生"（《九地篇》）便是説，利用士卒們求生意願之本能，採取一極端辦法，將士卒置於無路可退之境地，結果，士卒深陷危地，就無所畏懼；無路可走，軍心就會穩固；深入敵國，就不會渙散；迫不得已，就會拼死戰鬥（"兵力甚陷則不懼，無所往則固,入深則拘,不得已則鬥")。

故兵①有走者,有弛者,有陷者,有崩者,有亂者,有北者。凡此六者,非天之災②,將之過也。夫勢均③,以一擊十,曰走④。卒强吏弱,曰弛⑤。吏强卒弱,曰陷⑥。大吏怒而不服⑦,遇敵懟而自戰⑧,將不知其能,曰崩⑨。將弱不嚴,教道不明⑩,吏卒無常⑪,陳兵縱橫⑫,曰亂⑬。將不能料敵,以少合衆,以弱擊强,兵無選鋒⑭,曰北⑮。凡此六者,敗之道也,將之至任,不可不察也。

【校注】

①兵:軍隊,此指戰敗之軍。走、弛、陷、崩、亂、北六者係"六敗"之名稱。

②非天之災:非自然造成之災難。

③勢均:勢均力敵。張預注:"勢均謂將之智勇、兵之利鈍,一切相敵也。"

④走:敗逃。《説文》:"走,趨也。"意謂奔走、小跑。劉寅本:"走者,不量其力,以少擊衆也。"

⑤弛:渙散、鬆懈、敗壞。此處指將吏軟弱無能,部屬鬆懈難制。《説文》:"弛,弓解也。"曹操注:"吏不能統,故弛壞。"賈林注:"令之不從,威之不服,見敵則亂,不壞何爲。"

⑥陷:陷入、陷落、陷敗。王晳注:"爲下所陷。"劉寅本:"將吏剛勇欲敵而士卒怯弱,用之必至於敗亡,故名曰陷。"

⑦大吏怒而不服:意謂主將之下的偏裨將領憤怒有加,不肯服從主將命令。曹操注:"大吏,小將也。"

⑧遇敵懟而自戰:意指"大吏"既已憤怒,遇敵又心懷怨恨,於是擅自出陣作戰。懟(duì),怨恨,《説文》:"懟,怨也。"《穀梁傳·莊公三十一年》:"財盡則怨,力盡則懟。"張預注:"大凡百將一心,三

軍同力,則能勝敵。今小將恚(huì)怒(憤怒)而不服於大將之令,意欲俱敗,逢敵便戰,不量能否,故必崩覆。"

⑨崩:土崩瓦解。劉寅本:"崩者,如山之崩墜也。"

⑩教道不明:治軍失教練,少法度。梅堯臣注:"教而不明,則出陳縱橫不整,亂之道也。"

⑪吏卒無常:軍中上下隸屬關係失常。無常,指無常規,無法紀。劉寅本:"吏與卒皆無常守之職。"

⑫陳兵縱橫:言布兵排陣雜亂失次。張預注:"陳兵縱橫,謂士卒無節制也。"

⑬亂:混亂。劉寅本:"亂者,自亂其軍而引人之勝也。"

⑭選鋒:遴選出的精銳作先鋒部隊。杜牧注:"揀擇敢勇之士,每戰皆爲先鋒。"劉寅木:"簡選精銳之士,使爲之先鋒。"如戰國時,齊之技擊,魏之武卒,秦之銳士,皆軍之選鋒也。吳子曰:"若法令不明,賞罰不信,金之不止,鼓之不進,雖有百萬,何益於用。"足見精兵之可貴。

⑮北:敗北、敗逃。《荀子·議兵》:"大寇則至,使之持危城則必畔,遇敵處戰則必北。"楊倞注:"北,敗走也。北者,乖背之名,故以敗走爲北也。"

夫地形者,兵之助也①。料敵制勝②,計險阨遠近③,上將④之道也。知此而用戰者必勝,不知此而用戰者必敗。故戰道⑤必勝,主曰無戰,必戰可也;戰道不勝,主曰必戰,無戰可也⑥。故進不求名,退不避罪,唯民是保⑦,而利合於主⑧,國之寶也。

【校注】

①兵之助也:指用兵作戰之輔助條件。助,輔佐、輔助。賈林注:"戰雖在兵,得地易勝。"趙注本:"此言戰在計,不在地,地形者,不過

爲兵之助耳。"

②料敵制勝:主將能正確判斷敵情,乃取勝之道。王晳曰:"料敵窮
極之情,險阨遠近之利害,此兵道也。"劉寅本:"料敵之强弱虚實
而制勝。"

③計險阨遠近:此謂考察地形之險阨,計算路途之遠近。阨(è),
"厄"的異體字,原意爲狹隘,此指險要之處。杜牧注:"饋用之
費,人馬之力,攻守之便,皆在險阨遠近也。"劉寅本:"計地之險阨
遠近而用兵。"

④上將:一説指主將,另一説指上乘之將、賢能之將。從前説。

⑤戰道:原指作戰之規律、法則,此處轉意爲戰場實情。

⑥無戰可也:言拒絶君命不與敵作戰。梅堯臣注:"將在軍,君命有
所不受。"劉寅本:"黄石公所謂出軍行師,將在自專是也。"

⑦唯民是保:意謂保全民衆與士卒之利益爲上。《十一家注》原作
"唯人是保",《武經》本、孫校本等作"唯民是保",今從武經本等
改"人"爲"民"。梅堯臣注:"寧違命而取勝,勿順命而致敗。"
説是。

⑧利合於主:即符合於國君的利益。主,國君。劉寅本:"進不求戰
勝之名,退不避違命之罪,惟民命是保,而吾君是利。"

　　視①卒如嬰兒,故可與之赴深谿②;視卒如愛子,故可與之
俱死③。厚而不能使④,愛而不能令⑤,亂而不能治⑥,譬若驕
子,不可用也。

【校注】

①視:看待、對待。

②深谿:很深的澗溝,喻危險地段。赴深谿,意謂肯赴湯蹈火。

③故可與之俱死:謂將領當以體恤士卒爲重,乃至與之同生死,共患
難。王晳注:"以仁恩結人心也。"劉寅本:"豈有父在危難而子不

救(原文爲"致",疑爲傳抄之誤。——筆者)死者乎?"

④厚而不能使:指對待士卒重視厚養而不能使用。厚,厚養、優待。曹操注:"恩不可專用,罰不可獨任,若驕子之喜怒,對目還害,而不可用也。"李筌注:"雖厚愛人不令,如驕子者,有悖逆之心,不可用也。"

⑤愛而不能令:對士卒一味溺愛而不重教育,以致無法令使。愛,溺愛。令,使唤、使用。

⑥亂而不能治:指士卒放縱不羈而不能加以懲治。張預注:"恩不可以專用,罰不可以獨行,專用恩則卒如驕子而不能使……獨行罰則士不親附而不可用。"亂,紊亂,無秩序,此處指違反軍紀。治,治理、懲處。

　　知吾卒之可以擊,而不知敵之不可擊,勝之半也;知敵之可擊,而不知吾卒之不可以擊,勝之半也;知敵之可擊,知吾卒之可以擊,而不知地形之不可以戰,勝之半也。故知兵者①,動而不迷②,舉而不窮③。故曰:知彼知己,勝乃不殆;知天知地,勝乃可全④。

【校注】

①知兵者:通曉用兵法則之將帥。兵,引申爲兵法。

②動而不迷:言行動目標明確,不迷茫,不盲動。張預注:"不妄動,故動則不誤。"迷,迷惑、迷茫。

③舉而不窮:所採取之措施變化無窮,使對方難以捉摸。舉,舉動、舉措。窮,盡也。張預注:"不輕舉,故舉則不困。"劉寅本:"知兵之將不妄動,而動則無迷誤之失;不輕舉,而舉則無困弊之災。"

④勝乃可全:謂取得完全的勝利。劉寅本:"知彼之虛實,知我之強弱,戰則必勝,不至於危殆矣。"此句《十一家注》爲"勝乃不窮",《御覽》卷三二二引此作"勝乃可全",孫校本依此將"不窮"改爲

"可全"。從之。案："勝乃可全"與"勝乃不窮"各有其論述方面之優點。"勝乃不窮"與前句之"舉而不窮"前後迭出，相互呼應，文辭斐然，只是不及"勝乃可全"，强調有"全功"之效，故以改爲善。

九地篇

【題解】

　　勝敵之地有九，次於《地形》之下。

　　九地，指在九類不同地區作戰時之用兵原則。此篇之"地"與上篇《地形篇》之"地"略有差異。《地形篇》主要從地理位置與地形特徵來分析其對戰爭之影響；而本篇則除了自然地理狀況外，更突出了環境因素，如要考慮戰地是在本國還是敵國，在敵國，是深入較淺還是較深。由是，帶來了敵我戰略形勢及士卒心態方面的諸多差異，也決定了在政治、外交等方面不同之舉措。

　　本篇還論及"兵之情主速"、"并敵一向，千里殺將"等諸多用兵規則。

　　孫子曰：用兵之法，有散地，有輕地，有爭地，有交地，有衢地①，有重地，有圮地②，有圍地，有死地。諸侯自戰其地③，爲散地④。入人之地而不深者，爲輕地⑤。我得則利，彼得亦利者，爲爭地⑥。我可以往，彼可以來者，爲交地⑦。諸侯之地三屬⑧，先至而得天下之衆者⑨，爲衢地。入人之地深，背城邑多者，爲重地⑩。山林、險阻、沮澤⑪，凡難行之道者，爲圮地。所由入者隘，所從歸者迂，彼寡可以擊吾之衆者⑫，爲圍地⑬。疾戰則存，不疾戰則亡⑭者，爲死地。是故散地則無戰，輕地則無止⑮,爭地則無攻⑯,交地則無絶⑰,衢地則合交⑱,重地則掠⑲,圮地則行,圍地則謀,死地則戰⑳。

【校注】

①衢地:四通八達之地區。《管子·國蓄》:"壤正方,四面受敵,謂之'衢國'。"(國土居中央,四面爲敵國,叫做"衢國"。)《爾雅·釋宮》:"四達謂之衢。"《竹簡》本"衢"字皆作"瞿",音近古通。以後凡"衢"字,《竹簡》本皆如此,下不再校注。

②圮地:舉凡有山林、險阻、沮澤等阻隔而難於通行之地。《説文》:"圮,毁也。"《竹簡》本作"泛地"。"泛"通於"氾",於義難通,故仍從《十一家注》作"圮"。

③諸侯自戰其地:謂諸侯在自己的領地上與敵作戰。《竹簡》本作"諸侯戰□地",無"自"字。

④散地:指士卒在本土作戰,遇有危險,極易逃散,故稱散地。"散",與"專"相對。如孫子所言,入敵境深則專,入敵境淺則散,又何況在諸侯自己領地内作戰。曹操注"士卒戀土,道近易散",極是。

⑤輕地:指進入敵國,但尚未深入之地區。既離本土不遠,危急時易於輕返。"輕地",與"重地"相對。李筌注:"輕於退也。"

⑥爭地:交戰雙方必爭之地,誰先佔領便對誰有利。杜佑注:"謂山水阨口,有險固之利,兩敵所爭。"

⑦交地:地勢平坦,道路交錯,交通方便之地區。張預注:"地有數道往來,通達而不可阻絶者,是交錯之地也。"

⑧三屬(zhǔ):指敵我和其他諸侯國相連接之地區。屬,連接。三,言其多也,非實指。曹操注:"我與敵相當,而旁有他國也。"孟氏注:"若鄭界於齊、楚、晉是也。"

⑨先至而得天下之衆者:先到者可得諸侯列國援助。曹操注:"先至得其國助。"

⑩入人之地深,背城邑多者,爲重地:指入敵境已深,穿越很多敵國

城邑之地區。背,背對着,與"向"相反,或指背離、離去。多,道里
多也。張預注:"深涉敵境,多過敵城,士卒心專,無有歸志,是難
退之地也。"《竹簡》本"背"作"倍",二字同義。

⑪山林、險阻、沮澤:指山嶺、森林、險要阻塞、水網、沼澤等地區。
《十一家注》"山"前有"行"字,趙注本校語云:"《十一家注》'山'
上有行字,非是。前'行'字與後'行'字重複,故删。"本書從此
説。沮澤,即沼澤。《竹簡》本作"行山林,沮澤……",無"險阻"
二字。

⑫彼寡可以擊吾之衆者:言敵方以少數兵力能擊敗我衆多兵力者。
《竹簡》本脱字甚多,只留"□寡"、"吾衆者"四字。

⑬圍地:指所由進入之道甚狹隘,退路迂遠,敵以少數兵力即可狙擊
我多數兵力之地。何氏注:"入則隘險,歸則迂回,進退無從,雖衆
何用?"劉寅本:"前有强敵,後有險阻,欲進不能,欲退不敢,是爲
圍地。"《竹簡》本無"地"字。

⑭疾戰則存,不疾戰則亡:謂迅速奮戰則能生,不迅速奮戰則亡。
《竹簡》本無二"戰"字。

⑮無止:不宜停留。止,停留。無,毋也,不要,不宜。

⑯爭地則無攻:雙方必爭之要害地區,應先敵佔領;若敵方已先佔,
則不宜强攻。曹操注:"不當攻,當先至爲利也。"

⑰無絕:謂行軍序列不可切斷,指在"交地",軍隊各部之間應保持聯
絡,避免爲敵截擊。杜牧注:"川廣地平,四面交戰,須車騎部伍首
尾聯屬,不可使之斷絕,恐敵人因而乘我。"《竹簡》本有"輕地則
毋止",無"無絕",以下凡"無"字皆作"毋"。

⑱合交:指結交鄰國。曹操注:"結諸侯也。"

⑲重地則掠:指深入敵方腹地,後方接濟困難,須"因糧於敵",就地
解決補給。掠,奪取。梅堯臣注:"去國既遠,多背城邑,糧道必
絕,則掠畜積以繼食。"

⑳死地則戰：激勵士卒殊死戰鬥，以求生存。張預注："陷在死地，則人自爲戰。"劉寅本："此所謂失道而求生者也……窮而不戰者亡。"

所謂古之善用兵者①，能使敵人前後不相及②，衆寡不相恃③，貴賤④不相救，上下不相收⑤，卒離而不集⑥，兵合而不齊。合於利而動，不合於利而止⑦。敢問："敵衆以整，將來⑧，待之若何⑨？"曰："先奪其所愛，則聽矣⑩。"兵之情主速⑪，乘人之不及⑫，由不虞之道⑬，攻其所不戒⑭也。

【校注】

①古之善用兵者：《竹簡》本"古"字下無"之"字，"用兵"二字作"戰"字。

②能使敵人前後不相及：使敵人前方與後方無法相顧及。《竹簡》本"及"字下有"也"字。

③衆寡不相恃：指主力與非主力兩部未能相互依靠和協同。恃，依仗、依靠。

④貴賤：指官與兵。

⑤上下不相收：指部隊建制被打亂，上下失去聯絡，難以收攏。收，聚集、聯繫、糾合。《左傳·僖公二十四年》："召穆公思周德之不類，故糾合宗族於成周而作詩。"此處之"糾合"作"收攏"解。

⑥卒離而不集：意指士卒分散難於集中。離，分離、散。《吕覽·大樂》："離則復合。"

⑦合於利而動，不合於利而止：對我有利就打，對我無利便停止行動。動，動作，指開戰。止，停止，指停戰。此句重見於《火攻篇》。張預注："彼雖驚擾，亦當有利則動，無利則止。"

⑧敵衆以整，將來：言敵兵多且整，勢將來攻。《十一家注》此句作"敵衆整而將來"，《竹簡》本則作"敵衆以正（整），將來"，據改。

案："以"作連詞與"而"同。

⑨待之若何：該如何對待。《竹簡》本"待"作"侍"，疑爲傳抄之誤。

⑩先奪其所愛，則聽矣：先奪取敵人所必救的要害處，敵會被迫由我
方擺佈。愛，此處指敵人最關注與最擔心之地。聽，從也，謂使敵
被動，隨我調動。

⑪兵之情主速：謂用兵重在迅速。《竹簡》本"情"作"請"，"速"作
"數"，皆通假，"數"下有"也"字。

⑫乘人之不及：乘對方措手不及之時機。《竹簡》本"及"作"給"，音
近假借，"給"字下有"也"字。

⑬不虞之道：預料不及之道路。虞，料想、意料。

⑭戒：戒備。趙注本："兵之情主速，乘人之不及，由不虞之道，攻其
所不戒也。言兵以神速爲貴，必也乘人之倉促不及爲之時，而由
所不料度之路，以攻其所不戒備之處（而取勝）。"

【疏解】

"利"，在《孫子》裏是一極應關注之理念。

儒家恥言利。《論語》云："君子喻於義，小人喻於利。"（《里仁》）
《孟子·梁惠王上》曰："孟子見梁惠王。王曰：'叟不遠千里而來，亦
將有以利吾國乎？'孟子對曰：'王何必曰利？亦有仁義而已矣。'"孫
子卻反其道而行，在書中公開言利，曰"舉軍爭利"（《軍爭篇》）、"故不
盡知用兵之害者，則不能盡知用兵之利也"（《作戰篇》），進而還宣稱
"非利不動，非得不用，非危不戰"（《火攻篇》）。粗略統計，《孫子》中，
用到"利"字多達四十餘處。利與義是截然對立，還是輕重有別，當是
取向不同，但可以肯定的是，對"利"之態度，儒家與兵家大相徑庭。

凡爲客之道①，深入則專②，主人不克③；掠于饒野④，三軍
足食；謹養而勿勞⑤，併氣積力⑥；運兵計謀，爲不可測⑦。投
之無所往⑧，死且不北，死焉不得，士人盡力⑨。兵士甚陷則不

懼,無所往則固⑩,入深則拘⑪,不得已則鬥⑫。是故其兵不修
而戒⑬,不求而得,不約而親⑭,不令而信⑮,禁祥去疑⑯,至死
無所之。吾士無餘財,非惡貨也;無餘命,非惡壽⑰也。令發
之日,士卒坐者涕霑襟⑱,偃臥者涕交頤⑲。投之無所往者,
諸、劌⑳之勇也。

【校注】

①爲客之道:指進入敵境後的作戰原則。客,原指賓客、客方。

②深入則專:指深入敵國"重地"後,士卒無法逃離,只好專注於作
戰。《廣雅·釋言》:"專,齊也。"

③主人不克:言在本土作戰之軍隊,無法戰勝客軍。主,本土。張預
注:"深涉敵境,士卒心專,則爲主者,不能勝也。"

④掠于饒野:搶掠於富土沃野。王晢:"饒野多稼穡。"

⑤謹養而勿勞:經心養練休整,勿使士卒疲勞。謹,慎重小心,這裏
指經心、認真。王晢注:"謹養謂撫循飲食,周謹之也。"

⑥併氣積力:振奮士氣,積蓄力量。王晢注:"併銳氣,積餘力。"張預
注:"令氣盛而力全。"

⑦爲不可測:謂合理用兵,巧設計謀,使敵方無法察知。《竹簡》本
"測"作"賊",同在職部,可假借。曹操注"爲不可測度之計",然。

⑧投之無所往:將部屬投擲於無路可走之絕境。投,投放、投置。張
預注:"置之危地,左右前後皆無所往。"

⑨死焉不得,士人盡力:士卒入死地而心且不懼,還有何不可爲,定
會全力作戰。焉,安、何,即哪裏。王晢注:"人在死地,豈不盡
力。"劉寅注:"既殊死戰,焉有不得勝之理? 同在患難,安得不共
竭其力。"

⑩固:牢固,指軍心穩定。李筌注:"固,堅也。"

⑪入深則拘:指人心專一而不渙散。《十一家注》作"深入則拘",
《武經》本作"入深",據改。拘,束縛。

⑫不得已則鬥：處於迫不得已情況時，軍隊就會奮起戰鬥。《竹簡》本作"……所往則鬥"。曹操注："人窮則死戰也。"趙注本："蓋有險在前，身在險外，乃生恐懼之心；惟其陷於險中，則不容於懼矣。"

⑬不修而戒：不待整治督促，便知加強戒備。修，修理、整治。"修"字，《竹簡》本作"調"，調理之意，意近。張預注："危難之地，人自同力，不修整而自戒慎。"趙注本："不待修明而自知戒謹，不待求索而自得其力。"

⑭不約而親：不刻意約束便能彼此親近。親，親和、親近。

⑮不令而信：不待申令便信守紀律。信，信守、信從，指遵守軍紀號令。

⑯禁祥去疑：禁止傳播迷信，消除謠言及疑慮。祥，本意爲吉凶的預兆，此處指妖祥。古人以祥爲善之先兆，妖爲惡之先兆，即指占卜迷信等活動。曹操注："禁妖祥之言，去疑惑之計。"劉寅本："禁止妖祥之事，絕去疑惑之計，則士卒雖至死而無他慮也。"

⑰士無餘財，非惡貨；無餘命，非惡壽：指士卒毀棄多餘的財物，非並厭惡財物；士卒不懼死，非不想活。惡，厭惡。壽，壽命。《竹簡》本"命"字作"死"。張預注："貨與壽，人之所愛也，所以燒擲財寶、割棄性命者，非憎惡之也，不得已也。"

⑱士卒坐者涕霑襟：士卒坐者眼淚沾濕衣襟。曹操注："皆持必死之計。"《十一家注》"士"作"士卒"，《竹簡》本無"卒"字，從《十一家注》。涕，眼淚。襟，古代指衣服的前幅，此處指衣襟。

⑲偃臥者涕交頤：士卒臥者淚流面頰。偃，仰臥。頤，原指下巴，此處指面頰。《十一家注》"臥"字上有"偃"字，《竹簡》本無。

⑳諸、劌：有兩説，一説：諸，專諸，春秋時吳國勇士，公元前 515 年，吳公子光（闔閭）欲殺吳王僚而自立，設宴款待僚，專諸以藏於魚腹之劍刺死僚後，自己亦當場被殺。劌（guì），曹劌，又名曹沫，春

秋時魯國武士。相傳，魯、齊兩君會於柯（今山東東阿），曹劌持劍相從，挾持齊君訂立盟約，收回失地。另一説：諸劌並非指專諸和曹劌兩人的名字，乃爲一人之姓名，爲吳國一位不怕死之勇士，卻不見於經傳。後一説見葉適《習學記言》卷四六"孫子"。姑從前説，後説備考。

【辯證】

孫子曰"不令而信"，是繼論述將帥五條件"智、信、仁、勇、嚴"之後，再次用到"信"字；這裏的"信"指"信譽"。

熟讀《孫子》之人，皆知其對"詐"有特殊重視；對"信"，則言之甚少。據查，全書中"信"字僅出現兩處，而《論語》中之"信"字則有三十八處之多（見楊伯峻《論語譯注》之《論語詞典》）。這成爲後世各家，尤其儒家詬病兵家的一個"理由"。

其實，孫子用信，雖只兩處，但卻開啓了在處理軍人內部關係時重視信譽之先河。他認爲，一名合格將帥須具備"智、信、仁、勇、嚴"五條件，而他所説之"信"即指言而有信，即將帥對士卒應"言出必從"。杜牧注"信者，使人不惑于刑賞也"，梅堯臣注"信能賞罰"，王晳注"信者，號令一也"，均切合原意。孫子關乎"信"的論斷對後世兵學影響極大，如《銀雀山漢墓竹簡【貳】》中有"賞不逾日，罰不還面"（見《論兵論兵之類·將德），《六韜》中有"用賞者貴信，用罰者貴必"（《賞罰第十一》），《尉繚子》中亦有"未有不信其心，而能得其力者；未有不得其力，而能致其死戰者也"（《戰威第四》）等，皆可爲證。

儒、兵兩家之所以對"信"與"詐"在處理方式上有如此之差異，皆因他們面對不同之課題。儒家多講"信"，主要是面對君臣、父子、親朋等同一團體"內部"之問題；而兵家多論"詐"，則是面對一集團與他集團形成敵對關係後所出現之"外部"問題。既然問題不同，處理方式和取向便難以統一。

無論何人，只要走上戰場，便不能否認用"欺詐"手段之必要，如

《荀子·議兵》中便有"隆勢詐"、"尚功利"之語。儘管當有人詰難他時,他承認,靠"掎契司詐,權謀傾覆"(抓住對方弱點,伺機行使詐術,玩弄權術使敵人覆没)等手段者是"盜兵"而非"善兵"之所爲,但在戰場上,兩方殊死作戰之際,何者爲"善",又何者爲"盜",界限已變得很模糊了。

反觀之,兵家主張對敵應"詐"(《孫子兵法·軍爭篇》云"故兵以詐立"),但涉及自己軍內的上下級關係却不排除"信",即認爲軍隊內部之上下級關係中應彼此信任。如《地形篇》便有"視卒如嬰兒"、"視卒如愛子"之語,意在鼓勵士卒英勇獻身,前提是將帥與士卒需彼此關心信任;《九地篇》又有"吾士無餘財,非惡貨也;無餘命,非惡壽也。令發之日,士卒坐者涕霑襟,偃卧者涕交頤"之説,謂當士卒聽聞上級命令時,個個躍躍欲試,激情異常,欲效命於疆場,原因雖是環境使然,但也表明,士卒已建立起對將帥的某種信任。

故善用兵者①,譬如率然②,率然者,常山③之蛇也。擊其首則尾至,擊其尾則首至,擊其中則首尾俱至。敢問:"兵可使如率然乎④?"曰:"可。"夫吳人與越人相惡也⑤,當其同舟而濟⑥,遇風,其相救也如左右手。是故方馬埋輪,未足恃也⑦;齊勇若一,政之道也⑧;剛柔皆得,地之理也⑨。故善用兵者,攜手若使一人⑩,不得已也。

【校注】

①故善用兵者:善於用兵打仗的人。《竹簡》本"兵"作"軍"。

②譬如率然:率然,古代傳説中之一種蛇。《神異經·西荒經》:"西方山中有蛇,頭尾差大,有色五彩。人物觸之者,中頭則尾至,中尾則頭至,中腰則頭尾並至,名曰率然。"另見《戰國策·魏策四》。《竹簡》本作"辟如衛然","衛"是"衙"之訛,"衙"、"率"、"帥",先秦時通用,"譬"、"辟"二字古通。

③常山：即恒山。西漢時，因避諱漢文帝劉恒的"恒"字，曾一度改爲
"常山"，地在今山西渾源縣南，是五嶽中之北嶽。《竹簡》本中作
"恒山"，《十一家注》中仍爲"常山"，故不改。

④兵可使如率然乎：言可以使軍隊像"率然"一樣嗎。《竹簡》本
"如"作"若"，下同，"率"作"衛"，"乎"作"虖"。

⑤夫吳人與越人相惡也：吳國人和越國人雖相互仇恨。《竹簡》本無
"夫"字，"吳人"與"越人"互乙。

⑥同舟而濟：意指同船渡河。《竹簡》本"舟"借作"周"，《十一家注》
"濟"字下有"遇風"二字，《竹簡》本則無。濟，渡。

⑦方馬埋輪，未足恃也：指縛馬，埋車輪，認爲以此來穩定軍情，是靠
不住的。方，並列，指係在一起。《國語·齊語》"方舟設泭"，韋
昭注："方，並也，編木曰泭。"曹操注："方，縛馬也；埋輪，示不動
也，此言專難不如權巧。故曰：雖方馬埋輪，不足恃也。"杜牧注：
"縛馬，使爲方陳，埋輪，使不動，雖如此，亦未足稱爲專固而足爲
恃。"關於"方馬埋輪，未足恃也"，另有一説："蓋'方'，當爲'放'
字。……今欲使人固止而不散，不得齊勇之政，雖放去其馬而牧
之，陷輪於地而埋之，亦不足恃之爲不散也。"（見鄭友賢《孫子遺
説》）此説備參。

⑧齊勇若一，政之道也：謂使士卒齊心奮勇如一人，乃用兵之道。
齊，齊心協力。《荀子·議兵》"民齊者強"，注："齊，同力也。"政，
正，此指治理、統帥。

⑨剛柔皆得，地之理也：強者與弱者皆能務盡其力，在於合理利用地
形。剛柔，強弱。張預注："得地利，則柔弱之卒亦可以克敵，況剛
強之兵乎？剛柔俱獲其用者，地勢使之然也。"

⑩攜手若使一人：挈領三軍，如同指揮一個人般容易。攜，原意爲
提，此處引申爲挈領。

　　將軍之事①，靜以幽，正以治②。能愚士卒之耳目，使民無

知③；易其事，革其謀，使民無識④；易其居，迂其途，使民不得慮⑤。帥與之期⑥，如登高而去其梯。帥與之深入諸侯之地，而發其機⑦，焚舟破釜⑧，若驅群羊，驅而往，驅而來，莫知所之。聚三軍之眾，投之於險，此謂將軍之事也。九地之變⑨，屈伸之利⑩，人情之理，不可不察。

【校注】

①將軍之事：將軍，有兩説。一説，將軍，官名；春秋時晉國以卿爲軍將，因而有"將軍"之稱，戰國時始爲武官名，後世演繹爲各類將軍，如大將軍，車騎將軍，前、後、左、右將軍等。此處之將軍即如上述。將軍之事謂將領之職責。《吕覽・執一》："軍必有將。"將即軍中作主之人，非指具體官職。另一説，把將軍中之"將"與"軍"作爲單音詞分別作解。將，指將領，此處作動詞用，即統領；軍，指士卒、三軍。將軍，指將軍統帥軍隊。兩説均通。

②靜以幽，正以治：沉着冷靜而幽深莫測，嚴正而有條理。靜，沉靜。幽，幽深。曹操注："清靜、幽深、平正。"王晢注："靜則不撓，幽則不測，正則不渝，治則不亂。"

③能愚士卒之耳目，使民無知：意指能蒙蔽士卒的耳目，使他們（對於軍事行動）毫無所知。愚，愚弄、欺騙，此處指蒙蔽、誘導。曹操注："愚，誤也。民可與樂成，不可與慮始。"趙注本："有知識則生疑惑，有思慮則生恐懼，故駕空虛不實之言，以愚其耳，張爲狙詐不實之形，以愚其目。""使民無知"，《十一家注》作"使之無知"，《竹簡》本作"使無之"，無"知"字。據下文，二"人"字《竹簡》本作"民"，此處"之"字亦當作"民"，故改從"民"。

④易其事，革其謀，使民無識：改變前所行之事，舊所發之謀，下屬茫然無知。"使民無識"，《十一家注》"民"作"人"，乃唐代人避太宗（李世民）諱而改，《竹簡》本作"民"，今據改。梅堯臣注："改其所行之事，變其所爲之謀，無使人能識也。"

⑤易其居,迁其途,使人不得慮:變換駐地,行軍迂回,使人難以圖謀。《竹簡》本"迁"作"於","人"原作"民"。慮,思考、謀劃,《史記・淮陰侯列傳》:"臣聞智者千慮,必有一失。"梅堯臣注:"更其所安之居,迁其所趨之途,無使人能慮也。"

⑥帥與之期:主帥與軍隊約定作戰任務。之,代詞,指軍隊。期,希望、約定。

⑦發其機:擊發弩機,矢箭飛出。機,弩機。

⑧焚舟破釜:意謂破釜沉舟,決一死戰。《竹簡》本無"焚舟破釜"四字,原因待考。釜(fǔ),鍋。

⑨九地之變:意謂九種不同地區之變化。《竹簡》本《地形二》有相近的詞句,作"九地之法,人請(情)之理,不可不□……",唯"變"字作"法";然《九地篇》殘簡"變"字尚存,且與下文在同一簡上。

⑩屈伸之利:意謂依據情況,該屈則曲,該伸則伸,最爲利多。《竹簡》本"屈伸"作"詘信","信"、"伸"通假,見前注。伸,伸展。屈,曲,不伸展。

凡爲客之道,深則專,淺則散①。去國越境而師者,絕地也②;四達者,衢地也③;入深者,重地也;入淺者,輕地也;背固前隘④者,圍地也;無所往者,死地也。是故散地,吾將一其志⑤;輕地,吾將使之屬⑥;爭地,吾將趨其後⑦;交地,吾將謹其守⑧;衢地,吾將固其結⑨;重地,吾將繼其食⑩;圮地,吾將進其塗⑪;圍地,吾將塞其闕⑫;死地,吾將示之以不活⑬。故兵之情⑭,圍則禦⑮,不得已則鬥,過則從⑯。

【校注】

①凡爲客之道,深則專,淺則散:指進入敵境,士卒無法逃離,只能拼死作戰;如入境甚淺,則士卒易渙散。《竹簡》本"專"作"摶",古通用。客,指進入別國作戰的部隊。

②去國越境而師者，絕地也：凡率軍離開本國，跨越邊境，入敵國作戰之地區，稱"絕地"。《竹簡》本"境"作"竟"，"竟"是"境"之古字。去，離開。張預注："去己國，越人境而用師者，危絕之地也。"

③四達者，衢地也：四通八達之地叫做衢地。《十一家注》"達"作"徹"，《竹簡》本"達"作"𩵋"，即今"徹"字。《武經》本等作"通"，乃漢代避武帝劉徹諱所改，後世沿用。

④背固前隘：意指背後險要，前行狹隘，進退受制於敵之地。此處《竹簡》本與通行各本出入較大，作"倍（背）固前□（□□）地也，倍（背）固前適（敵）者，死地也；毋（無）所往者，窮地也"。"窮地"，爲通行各本所無。此句依《十一家注》。

⑤是故散地，吾將一其志：意謂在"散地"，我便應統一意志。李筌注："一卒之心。"《竹簡》本作"□□□散地，吾將壹其志"。

⑥輕地，吾將使之屬（zhǔ）：謂在輕地，應使部隊部署相互連接。屬，連接。趙本學注："屬，續也。行則隊伍相連，止則營壘相接，所以備逃散，戒不虞也。"《竹簡》本"屬"字作"僂"。僂，行動疾速。若此，此句意謂，進入輕地，行動應迅速。亦通。

⑦爭地，吾將趨其後：謂在"爭地"，應揮師直奔敵之後方。"趨其後"指後續部隊迅速跟進。"趨"作"促"解。《竹簡》本"趨其後"作"使不留"。梅堯臣曰："敵未至其地，我若在後，則當疾趨以爭之。"

⑧交地，吾將謹其守：謂在"交地"，應謹慎防守。梅堯臣注："謹守壁壘，斷其通道。"王晳注："懼襲我也。"《竹簡》本作"交地也，吾將固其結"，疑爲傳抄之誤。

⑨固其結：鞏固與諸侯國間之結盟。結，結交。杜牧注："結交諸侯，使之牢固。"《竹簡》本"固其結"作"謹其恃"，疑傳抄有誤，或上下文互乙。

⑩繼其食：保證軍糧之不斷供應。曹操注："掠彼也。"張預注："兵

在重地,轉輸不通,不可乏糧,當掠彼(就地取糧)以續食。"曹、張說同義。《竹簡》本作"趣其後",疑傳抄有誤。

⑪進其途:謂迅速通過。"塗"同"途"。曹操注:"疾過去也。"

⑫塞其闕:堵塞缺口(士卒不得不拼死作戰)。闕,缺也,缺口。王晳注:"懼人有走心。"

⑬死地,示之以不活:入死地表示必死的決心。杜牧注:"示之必死,令其自奮以求生也。"趙注本:"慷慨以屬其志,忠義以感其心。"

⑭故兵之情:言士卒之情,即士卒之心理狀態。《竹簡》本作"□侯之請(情)",疑有誤。

⑮圍則禦:被圍則協力抵禦。《竹簡》本"圍"字作"遝"(同"逮",及,音 dài)。杜牧注:"言兵在圍地,始乃人人有禦敵持勝之心。"趙注本:"言兵在圍地,志欲脫死,則自然拒禦,勢出窮極,無可奈何,則自然奮鬥。"

⑯過則從:陷於絕境會聽從指揮。過,過度,此處指深陷危境。曹操注:"陷之甚過,則從計也。"趙注本:"已過險地,欲走無路,則自然從命。"

是故不知諸侯之謀者,不能預交①;不知山林、險阻、沮澤之形者,不能行軍;不用鄉導者,不能得地利。四五者②,不知一,非霸王之兵③也。夫霸王之兵,伐大國,則其衆不得聚④;威加於敵,則其交不得合⑤。是故不爭天下之交⑥,不養天下之權⑦,信己之私⑧,威加於敵,故其城可拔,其國可隳⑨。施無法之賞⑩,懸無政之令⑪,犯⑫三軍之衆,若使一人。犯之以事,勿告以言⑬;犯之以利,勿告以害⑭。投之亡地然後存,陷之死地然後生⑮。夫衆陷於害,然後能爲勝敗⑯。故爲兵之事,在於順詳敵之意⑰。并敵一向⑱,千里殺將,此謂巧能成事者也⑲。

【校注】

①預交：與諸侯結交。預，本義"豫"，預先也。"預"通"與"。

②四五者："四五者"之義有多説。一説，爲"四變"和"五利"。"四變"即"塗有所不由，軍有所不擊，城有所不攻，地有所不爭"，"五利"是"圮地無舍，衢地交合，絶地無留，圍地則謀，死地則戰"（《九變篇》），此九項皆與地勢有關。另一説，四、五合爲"九"，"九"指"九地"，在"九地"中，五爲客兵，四爲主兵，曹操注："謂九地之利害"，亦通。還有一説，"四五者"係指上文所舉諸事，從"是故散地，吾將一其者"始，至"死地，吾將示之以不活"終。上述諸説備考存疑。

③不知一，非霸王之兵也：意謂對"九地"中諸類情況有一項不了解，便難以成爲稱王稱霸之軍隊。《竹簡》本作"一不智（知）"，義同。霸，指春秋時勢力最強，處於首領地位之諸侯。王，按三代時唯最高統治者稱王。霸王，即霸主，所謂諸侯之長。《史記‧越王勾踐世家》："越兵橫行於江、淮東，諸侯畢賀，號稱霸王。"《竹簡》本作"王霸之兵也"。案："王霸"、"霸王"亦可互倒，即它們各自爲詞，非作一名詞。

④其衆不得聚：我軍行動神速，敵軍來不及集結。

⑤威加於敵，則其交不得合：兵威指向敵國，他國因懼我威，不敢與敵國結交。李筌注："夫并兵震威，則諸侯自顧，不敢預交。"

⑥不爭天下之交：指不必爭取同別國結交。

⑦不養天下之權：指不必要在別的國家培植自己的權勢。與上句"不爭天下之交"相合，是指非"霸王"之兵的做法。

⑧信己之私：伸展自己之力量。信，通"伸"，伸展、展現。私，私力、己力。

⑨其城可拔，其國可隳：謂可拔取其城邑，可毀滅其國家。隳（huī），毀壞。《竹簡》本作"……可拔也，城可隋也"。"隋"，古通"墮"

字，謂下垂也。

⑩施無法之賞：施行超出慣例之獎賞。無法，超出慣例、破格，即法外之賞。《竹簡》本無"施"字。

⑪懸無政之令：頒發打破常軌之命令，即政外之令。懸，懸掛，此處指頒發。《竹簡》本無"懸"字，且"無政之令"作"無正之令"。

⑫犯：觸犯，此處指驅使和使用。曹操注："犯，用也。"李筌、梅堯臣從之。

⑬犯之以事，勿告以言：驅使（教給）士卒如此這般去做，卻不告訴其做的意圖。

⑭犯之以利，勿告以害：驅使（交待）士卒完成某項任務時，僅告知其有利之一面，不告知其危險之一面。《十一家注》及其他注本皆同此，唯《竹簡》本作"犯三……以害，勿告以利"，與上面所述之義上下顛倒成句。此義供參考。

⑮投之亡地然後存，陷之死地然後生：將士卒投入險地之後，方可保存；使士卒陷入死地之後，方可得生。李筌注："兵居死地，必決命而鬥以求生。"張預注："置之死亡之地，則人自爲戰，乃可存活也。"《竹簡》本"投"字作"芌"。

⑯夫衆陷於害，然後能爲勝敗：謂士卒陷於危險境地，然後才可能力爭勝利。《竹簡》本作"然後能爲敗爲……"。

⑰順詳敵之意：假裝順從敵方意圖。詳，通"佯"，僞裝也。曹操注："佯，愚也。"另一說，順，假借爲"慎"。詳，審也。句意爲慎重地審查敵方意圖。此說暫存。

⑱并敵一向，千里殺將：謂集中兵力指向敵一點；如此，雖長驅千里，也可覆其軍，殺其將。"并敵"二字，經查自唐代起，有"并力"、"并敵"兩版本。杜牧、王晳二人注本中亦似有"并力一向"之意。（杜牧注："須并兵專力以向敵人。"王晳注："并兵一力以向之。"）

⑲此謂巧能成事者也：此所謂巧妙能成大事之法也。《竹簡》本作

"此胃（謂）巧事"。

是故政舉之日①，夷關折符，無通其使②，屬於廊廟之上，以誅其事③。敵人開闔④，必亟入之⑤。先其所愛，微與之期⑥。踐墨隨敵⑦，以決戰事⑧。是故始如處女，敵人開戶⑨；後如脱兔⑩，敵不及拒。

【校注】

①政舉之日：指決定征伐行爲之時日。政，通"征"。舉，發。《史記·范睢蔡澤列傳》："政適伐國，莫敢不聽。""適"通"敵"。裴駰《集解》引徐廣曰："政適，音征敵。"《竹簡》本"政舉"作"正（政）與（舉）"。

②夷關折符，無通其使：封鎖關口，廢止通行憑證，與敵斷絶使節往來。夷，取其消除、剗平之義，引申爲封鎖。符，古代傳達命令、徵兵調將之聯絡信物，用竹、木、銅製成，牌上刻圖文，分爲兩半，各執其一，作爲憑證。使，使節。梅堯臣注："夷，滅也；折，斷也。舉政之日，滅塞道梁，斷毀符節，使不通者，恐泄我事也。"

③屬於廊廟之上，以誅其事：言在廟堂上反復計議作戰大事。廊廟，猶言廟堂議大事之處，或指朝廷。張預注："兵者大事，不可輕議，當惕勵於廟堂之上，密治其事。"《國語·越語下》："夫謀之廊廟，失之中原，其可乎？""屬"通"礪"，乃磨刀石，此指砥礪，即反復推敲。《荀子·性惡》："鈍金必將待礱、厲然後利。"礱、厲，皆磨也，楊倞注："厲與礪同。"誅，曹操注"誅，治也"，意爲研究決定。《竹簡》本缺"廟"、"之"二字。

④敵人開闔：謂敵方敞開門戶（即出現虛隙），使我有隙可乘。闔（hé），門扇；《竹簡》本作"闠"，是市區的門或外門。義近。

⑤必亟入之：謂己方須迅速跟進予以突擊。亟，通"急"。

⑥先其所愛，微與之期：謂先奪取敵方最關緊要之處，不與敵約期交

戰。杜牧注：“凡是敵人所愛惜、倚恃以爲軍者，則先奪之也。”愛，由憐愛義引申爲吝惜、難捨。微，本意爲細小，此處作無。《論語·憲問》：“微管仲，吾其被髮左衽矣。”期，約期交戰。

⑦踐墨隨敵：意指隨敵情變化來決定作戰方案。預定計劃有如“踐墨”，隨敵情變化而不斷變更計畫是“隨敵”。踐，踐履、實行。墨，木工之墨線，指既定計劃。另一說，踐，通作“剗”，除也。墨，墨守成規。曹操注：“行踐規矩，無常也。”此説似否決有既定不變之方案，與孫子之原意似有別，暫存之。

⑧以決戰事：以解決戰爭之勝與負，此處偏指戰爭之勝利。

⑨始如處女，敵人開户：初始時像處女一般柔弱莊靜，使對方放鬆戒備。處女，指未出嫁的女子。開户，開門，指放鬆戒備。趙注本：“處女，喻其遷延畏縮之狀也；開户，欺我而不設備也。”

⑩脱兔：脱逃之兔，喻行動之迅速。曹操注：“處女示弱，脱兔勝疾也。”張預注：“攻則猶脱兔之疾，乘敵倉卒，是以莫禦。”趙注本：“脱兔，喻其超軼湧奔之勢也；不敢拒，畏我而退走也。”

火攻篇

【題解】

　　火攻，以火攻敵，是最激烈之用兵方式。本篇論述火攻種類、火攻器具、火攻時日及火攻與內外應合之略。曹操注"以火攻人，當擇時日也"，王晳注"助兵取勝，戒虛發也"，均切合孫子本意。張預注："以火攻敵，當使奸細潛行，地里之遠近，途徑之險易，先熟知之，乃可往，故次《九地》。"

　　由於此方式極具殺傷力，所以篇中同時又提出"主不可以怒而興師，將不可以慍而致戰"之慎戰思想。趙本學云"水火之害，酷烈慘毒"，言孫子此篇"深以用兵爲戒"。

　　孫子曰：凡火攻①有五：一曰火人②，二曰火積③，三曰火輜④，四曰火庫⑤，五曰火隊⑥。行火必有因⑦，煙火必素具⑧。發火有時，起火有日⑨。時者，天之燥⑩也。日者，月在箕、壁、翼、軫⑪也。凡此四宿者，風起之日也。

【校注】

①火攻：《竹簡》本作"攻火"，其他各本皆作"火攻"。

②火人：指焚毀敵軍營寨及燒殺敵方兵卒。火，焚燒，下同。李筌注："焚其營、殺其士卒也。"

③火積：謂用火焚燒敵蓄積，使芻糧不足也。杜牧注："積者，積蓄

也。糧食薪蒭（芻）（chú）是也。”“蒭”指餵牲口之草料。故曰：“軍無委積則亡。”（《軍爭篇》）《竹簡》本作“火漬”。“積”、“漬”皆賁聲，“積”假借爲“漬”。

④火輜：謂焚燒敵軍軍器、被服及其他裝備等輜重車輛。輜，輜重車。杜牧注：“器械財貨及軍士衣裝，在車中上道未止曰輜。”故曰：“軍無輜重則亡。”（《軍爭篇》）

⑤火庫：意謂焚燒敵藏有軍用物資之倉庫。《説文》云“庫，兵車藏也”，謂車馬兵甲之處也。梅堯臣曰：“焚其輜重，以窘貨財；焚其庫室，以空蓄聚。”

⑥火隊：謂焚燒敵之運輸通道。隊（suì），通“墜”、“隧”，指道路。《爾雅·釋古》：“墜，落也。”《淮南子·説山》“愈於一人之隧”，高誘注：“隧，陷也。”《穆天子傳》卷一“於是得絶鈃山之隊”，郭璞注：“隊，謂谷中險阻道也。”此處之“隊”指道路。又，《左傳·哀公十三年》“六月丙子，越子伐吳，爲二隧”，注：“隧，道也。”意爲：春秋時，吳、越相爭，以構築隧道爲進軍之路。“隊”、“墜”、“隧”三字義近古通，此處之“火隊”通“火隧”。

⑦行火必有因：謂行火必有所憑依。因，緣故、憑依。《吕覽·盡數》“因智而明之”，高誘注：“因，依也。”張預注：“凡火攻，皆因天時躁旱，營舍茅竹，積芻聚糧，居近草莽，因風而焚之。”《竹簡》本作“……火有因”。

⑧煙火必素具：謂火攻器材必須經常準備着。煙火，指發火器材。曹操注：“煙火，燒具也。”李筌注：“乾芻蒿艾糧糞之屬。”張預注：“貯火之器，燃火之物，常須預備，伺便而發。”《竹簡》本作“因必素具”，“煙火”改爲“因”，或傳抄有誤。

⑨發火有時，起火有日：發起火攻要應天時，點火需待恰當時日。梅堯臣注：“不妄發也。”

⑩燥：乾燥則易燃。曹操注：“燥者，旱也。”

⑪月在箕、壁、翼、軫也：謂月亮行經箕、壁、翼、軫四星宿運行位置之日。箕、壁、翼、軫爲二十八星宿中的四個，二十八星宿即角、亢、氐、房、心、尾、箕、斗、牛、女、虛、危、室、壁、奎、婁、胃、昴、畢、觜、參、井、鬼、柳、星、張、翼、軫。這些星宿均處於赤道附近，古代天文曆算家用爲天空之標誌，時人慣以月道行經星座之時日推斷氣候變化。如其中的"畢"，以形狀象畢網得名。《詩·小雅·漸漸之石》云"月離於畢，俾滂沱矣"（"俾"作"使"解。——筆者），言此時多雨。《火攻篇》説的箕爲東方蒼龍七宿之一，壁爲北方玄武七宿之一，翼、軫二星皆在南方朱雀七宿之中。古人經長期觀察，認爲月亮與箕、壁、翼、軫四星宿運行相遇之日一般多風，宜於火攻。

【辨證】

因《竹簡》本有"行火有因，因必素具"之語，有注本以此爲據，説《十一家注》中"煙火必素具"中之"煙"是"因"字之訛；又因"煙"字連帶成"煙火"，故推測"因必素具"乃《孫子》原文。

但此説疑點有二：一、"煙"之本義爲"物質燃燒時發生之氣狀物"，煙火則指"燒具"，即點燃燃燒物所有的工具、器材之類；而"因"則指原因、緣由，兩者含義有別。二、"煙火必素具"指發火器材在平素便準備好，一旦有機會到來，即可使用；而"因必素具"其涵義則是發火的緣由、機會等須隨時準備。而人所周知，機會、緣由並不是常有，是隨機事件。故，"因必素具"於義不通。梅堯臣説"潛姦伺隙必有便也，秉杆持燧必先備也，傳曰，惟事事有備，乃無患也"，張預注"貯火之器，燃火之物，常須預備，伺便而發"，都説明煙火指燒具，並不是指緣由。上面的推論只備一説。

凡火攻，必因五火之變而應之①。火發於內，則早應之於外②。火發兵靜者，待而勿攻③，極其火力④，可從而從之⑤，不可從而止。火可發於外，無待於內⑥，以時發之⑦。火發上風，無攻下風⑧，晝風久，夜風止⑨。凡軍必知有五火之變⑩，以數守之⑪。

【校注】

①凡火攻，必因五火之變而應之：謂須根據五種火攻引起之敵情變化，採取相應用兵措施。關於"五火"，一說，五火指上文提到的火人、火積等五種火攻方法。二說，五火指放火應根據"火發於內"至"晝風久，夜風止"五種不同情況而靈活處置。本書從二說，一說備參。梅堯臣注："因火爲變，以兵應之。"

②火發於內，則早應之於外：從敵內部放火，應及時派兵由外部策應，亦即作內外夾擊。早，及早、及時。張預注："火才發於內，則兵急擊於外，表裏齊攻，敵易驚亂。"趙注本："營內火勢發作，外兵即宜急攻，攻之急，則敵人不及救火，亦不及出兵，故可克。"

③火發兵靜者，待而勿攻：言火已起，敵方仍保持安靜者，應等待片刻，不宜馬上攻擊。何氏注："火作而敵不驚呼者，有備也。我往攻則返或受害。"劉寅本："火雖發而兵靜不亂者，敵有預備，且待其變，不可遽攻也。"此句《武經》本、《通典》等作"火發而其兵靜者"。

④極其火力：待火燒至最旺時刻。極，窮極、窮盡。梅堯臣注："極其火勢。"張預注："盡其火勢。"《竹簡》本作"極其火央"，"央"作"盡"解。此說姑存。

⑤可從而從之：意謂視情況可攻則攻，不可攻就停止。從，跟從，引申爲進攻。曹操注："見可而進，知難而退。"梅堯臣注："極其火勢，待其變則攻，不變則勿攻。"

⑥無待於內：不必等待內應。無，通"毋"、"勿"。內，內應。此句《竹簡》本作"無寺於內"，疑爲傳抄之誤。

⑦以時發之：待時機與條件成熟即可放火。時，時機，即上文所提

"天之燥","月在箕、壁、翼、軫"之時。

⑧火發上風，無攻下風：於上風頭處放火，不可從下風頭處進攻。杜牧注："若是東則焚敵之東，我亦隨以攻其東，若火發東面攻其西，則與敵人同受也。故無攻下風。"趙注本："下風爲煙焰所沖，固不宜攻，亦恐亂兵避火，潰出相蹂藉也。"《竹簡》本僅存"火□上風，毋攻□□□"五字。

⑨晝風久，夜風止：各本皆如是。此句有兩解：一、"久"字乃"從"字之誤，劉寅本引張賁説云："久字，古從字之誤也，謂白晝遇風而發火，則當以兵從之；遇夜有風而發火，則止而不從，恐彼有伏，反乘我也。"二、"晝風久，夜風止"，應解爲白天風刮甚久，夜間便會停止。張預注："晝起則夜息，數當然也。"杜牧、張預並引《老子》語"飄風不終朝"，以晝風入夜止爲注。兩説均通。

⑩凡軍必知有五火之變：意謂軍隊必須懂得五種火攻方法之變化運用。《竹簡》本僅存"之變"二字。

⑪以數守之：等待發火時日之條件，準備火攻。數，星宿運行之度數，和氣象變化之時機，即上文的"發火有時，起火有日"。守，遵循。杜牧注："須算星躔之數，守風起日，乃可發火，不可偶然而爲之。"（躔，音 chán，原義爲獸走過的足跡，引申爲經行、踐歷。——筆者）張預注："知以火攻人，亦當防人攻己，推四星之度數，知風起之日，則嚴備守之。"

故以火佐攻者明，以水佐攻者强①。水可以絶，不可以奪②。

【校注】

①故以火佐攻者明，以水佐攻者强：謂用火輔佐進攻者，明顯易取勝；用水輔佐進攻者，攻勢易於加强。明，明顯、顯赫，另一説"高明"，均通。强，加强。張預注："用火助攻，灼然可以取勝。""水能分敵之軍，彼勢分則我勢强。"

②水可以絕,不可以奪:水可用來分割,斷絕敵軍,但不及火攻能直接焚毀(奪取)敵方軍用物資。絕,隔絕。奪,剝奪、去。曹操注:"不可以奪敵蓄積。"又一說,此句後半句"不可以奪",當爲"火可以奪","不"爲"火"字之誤(參見劉寅本卷三下《火攻第十二》)。鑒於本段係以火攻與水攻比較,"火可以奪"與"水可以絕"恰好對稱。此備一說。

　夫戰勝攻取①,而不修其功者凶②,命曰費留③。故曰:明主慮之,良將修之④。非利不動⑤,非得不用⑥,非危不戰⑦。主不可以怒而興師⑧,將不可以慍⑨而致戰。合於利而動,不合於利而止⑩。怒可以復喜,慍可以復悦⑪,亡國不可以復存,死者不可以復生。故明君慎之,良將警之⑫,此安國全軍之道⑬也。

【校注】

①夫戰勝攻取:謂凡是打勝仗,攻佔了土地、城池。《竹簡》本僅存上句末一"得"字,其餘皆缺。

②不修其功者凶:謂不能鞏固勝利成果將帶來禍患。修,修治;功,功業;此指修明政治,嚴格軍紀,論功行賞等。《竹簡》本作"不隋其功者,凶","修"作"隋",其注云"隋,疑當作爲隨",亦通。

③命曰費留:此處指白白耗費戰爭資財。"命",名也。"費留",一說爲耗費流失。"留"通"流",亦即白費力氣。曹操注:"若水之留,不復還也。"二説爲,"費留"乃"費財留工"、"煩人留日"等古語之簡化或縮寫,孫子所謂"費留"者,乃"費曠"之謂也(參見郭化若《孫子譯注》,第207頁)。三説爲,"費留"實爲"贅瘤",理由是:"費"、"贅"形近致誤,"留"通作"瘤"(參見穆志超注《孫子學文存》,第276—277頁),"命曰費留"意即"成爲了負擔"。三説均有據,本書從一説,二、三説備參。《竹簡》本作"命之曰費留",

多一"之"字。

④良將修之：謂良將應很好地修持之。修，修治、修持儆戒。梅堯臣注："始則君發其慮，終則將修其功。"《竹簡》本此句作"良將隨之"。

⑤非利不動：於我無利則不行動。杜牧注："先見起兵之利，然後兵起。"《竹簡》本此句及以下兩句作"非利□□□□不用，非危不戰"，缺失處似可依《十一家注》填充。

⑥非得不用：謂非有所得不用兵，即不能取勝便不用兵。得，取勝。用，用兵。

⑦非危不戰：謂非有所危，則不與戰。危，危急、緊迫。曹操注："不得已而用兵。"李筌注："非至危不戰。"

⑧主不可以怒而興師：言國君不可因憤怒而發動戰爭。張預注："因怒興師不亡者鮮。"劉寅本："人主不可因怒而興三軍之師……因怒興師，非爲民也，故亡。"《竹簡》本作"主不可以怒興軍"，義同，毋改。

⑨慍(yùn)：惱怒、怨憤。《竹簡》本作"溫"，與"慍"同義。致戰，引起戰爭。

⑩合於利而動，不合於利而止：謂如果有利就行動，如果無利便停止。《竹簡》本前句"合乎利而用"，"於"作"乎"，"乎"作介詞同"於"，如"合於"、"合乎"同然。"動"作"用"，意近。後句"不合於利而止"作"不合而止"。

⑪怒可以復喜，慍可以復悅：言惱怒後可重新歡喜，怨憤後可重新高興。《竹簡》本此句作"怒可復喜也，溫(慍)可復……"，少一"以"字，多一"也"字，毋改。

⑫明君慎之，良將警之：言聖明之君主須慎重對之，賢良之將帥應予警惕。慎，慎重。警，警惕。梅堯臣注："主當慎重，將當警懼。"劉寅本："明哲之主，慎於用兵，此安國之道也；良能之將，戒於輕戰，

　　此全軍之道也。"

⑬安國全軍之道：安定國家與保全軍隊之根本道理。

用間篇

【題解】

《孫子》開篇爲“計”，末篇爲“間”，兩者均以“知”貫穿其間。“知”是“計”之立論基石，“間”是“知”之管道，首尾相接，意蘊頗深。鄭友賢《孫子遺說》說，該書“以間爲深而以計爲淺也，孫武之蘊至於此而後知十家之說不能盡矣”。

間，間諜。古文“間”通作“閒”，《說文》云“閒，隙也”，從門，從月，會意，謂夜裏將兩扇門關閉，月光仍從門縫裏透入，此門縫稱作“閒”，引申爲“間諜”，古代又稱作“細作”或“探子”，目的在“知敵之情”，相似於當今說的情報戰略。趙本學曰：“細作，人也，自古用兵皆有之。不用則無以得敵人之情，不得其情，則無以爲措勝之計。”

本篇對使用間諜之意義、間諜類型、運用間諜方式等項均作了論述。其中，對“反間”尤爲重視，認爲利用反間是一種代價小、獲益多而又難以取代之方法。

書中還對殷之伊尹、周之呂尚作了正面的評價。

孫子曰：凡興師十萬，出征千里①，百姓之費，公家之奉②，日費千金③；內外④騷動，怠于道路⑤，不得操事⑥者，七十萬家⑦。相守數年⑧，以爭一日之勝。而愛爵祿百金⑨，不知敵之情者⑩，不仁之至也⑪，非民之將也⑫，非主之佐也⑬，非勝之主也⑭。故明君賢將⑮，所以動而勝人⑯，成功出於衆者⑰，先知也⑱。先知者,不可取於鬼神⑲,不可象於事⑳,不可驗於度㉑,必取於人,知敵之情者也㉒。

【校注】

①凡興師十萬,出征千里:十萬、千里,言出兵規模與行軍里程之概數,形容其規模之大,非實指。此句《竹簡》本作"孫子曰:凡……里",中缺。

②百姓之費,公家之奉:"百姓",指百官家屬,參見本書《作戰篇》注。公家,公卿之家,周代公侯有"國",卿大夫有"家",皆爲其受封之地,此泛指國家。奉,同"俸",即俸祿,舊時官吏所得之薪俸。《竹簡》本作"百生之費……",下缺;"生",爲"姓"之古字,《尚書·舜典》孔穎達疏:"生,姓也。"

③日費千金:每日要花費千金。千金,言費用之多。《竹簡》本僅存"費日千"三字。

④內外:泛指前線與後方。

⑤怠于道路:人們奔波于道路上已疲憊不堪。怠,怠惰。杜牧注:"怠,疲也……轉輸疲于道路也。"

⑥操事:操作農事。

⑦七十萬家:七十萬,是以古井田制計算而得。言出兵打仗,需大量民眾承受繁重徭役、賦稅,難以從事正常勞作。曹操注:"古者八家爲鄰,一家從軍,七家奉之,言十萬之師舉,不事耕稼者七十萬家。"李筌注:"古者發一家之兵,則鄰里三族共資之,是以不得耕作者七十萬家而資十萬之眾矣。"案:古兵制基於井田,至孫子時,井田制疑已破壞,八家共井田之說,殆襲舊說。

⑧相守數年:謂相持數年。相守,相持。

⑨愛爵祿百金:謂吝惜爵位、俸祿與金錢而不肯重用間諜。愛,由"愛惜"引申爲"吝惜"。百金,言其多,非實數。

⑩不知敵之情者:謂不能了解敵情而(招致失敗)。《竹簡》本此句

上缺,僅存"……知適之請者",疑"適"借爲"敵","請"借爲
"情"。

⑪不仁之至也:不仁到了極點,此謂不顧國家與民衆利益而鑄成大
　錯。仁,親善、仁愛。

⑫非民之將也:不配作軍隊之統領。"民",《十一家注》及通行本皆
　作"人",係唐人避太宗李世民諱所改。《竹簡》本作"民",本文據
　以改。

⑬非主之佐也:不配作君主之輔佐。

⑭非勝之主也:不是能打勝仗之好主帥。張預注"不可以主勝",義
　近。《竹簡》本"主"作"注",二字古通。

⑮故明君賢將:開明的君主,賢良的將帥。《竹簡》本僅存"故"字。

⑯動而勝人:一出兵便制勝對方。動,舉動,言出兵。

⑰出於衆:超群出衆。梅堯臣注:"主不妄動,動必勝人;將不苟功,
　功必出衆。"

⑱先知:預知敵情。

⑲不可取於鬼神:言不可以祈禱、祭祀、占卜等方法獲取敵情。梅堯
　臣注:"不可以卜筮知也。"劉寅本:"鬼神無形無聲,不可禱而
　取也。"

⑳象於事:言用過去的事作類比推測。象,類比。《周易·繫辭》:
　"象也者,像此者也。"曹操注:"不可以事類而求也。"

㉑驗於度:指以日月星辰運行之情況占卜吉凶禍福。驗,應驗。度,
　度數,指日月星辰運行之位置(度數)。"驗於度"謂以天象變化
　來驗證禍福吉凶。曹操注:"不可以事數度也。"

㉒必取於人,知敵之情者也:謂一定要從探知敵情的人那裏去獲得。
　《竹簡》本作"必取於人知者"。

【疏解】

　　《孫子》名言"知彼知己,百戰不殆"已在前面作了梳理,結論是:

在知與行之關係上是知中有行，行中有知，知行統一，難以分割。

此處説的"先知"是專指戰爭進行之前的調查研究。所謂"先知者，不可取於鬼神，不可象於事，不可驗於度，必取於人"，句中之人爲知敵之情者，即孫子認爲：欲知敵情，須求之於人之智力與潛能。

細讀《孫子》，孫子所説"先知"和"必取於人"，依愚見，大約指"親知"、"聞知"、"推知"三途徑，或稱三條管道。

"親知"指親身感受，如以目視，以耳聽，以鼻嗅，以舌嘗，以肌體接觸，《孫子·行軍篇》所説"相敵"之"相"即指此。他列舉判斷敵情方法有三十種之多，皆爲充分調動人五官之功能，當發現某種可疑"徵候"之後，做出分析判斷，並相機處置之。

"聞知"，不靠親身感受，而是通過各種管道去搜羅、彙集、收買、竊取他人之親身感受。孫子所説"五間"與"五間俱起"即指此。又説，某君主如不知利用間諜，只知"愛爵禄百金，不知敵之情者，是不仁之至也"。

"推知"中之"推"，指推論、推理及推斷。它與"親"、"聞"兩"知"不同，不以索取第一手感性資料爲滿足，而是憑藉此資料，通過人爲的排列、組合、聯繫、對比，並借助適當的邏輯分析，做出某種合理推斷；這種推斷已經超越已有知識，而是"新知"。例如，《計篇》列"五事"、"七計"以預推戰爭之勝負，《形篇》以度、量、數、稱、勝五項內容去衡量與比較雙方之實力與潛力，《行軍篇》更利用透過現象（有時是假象）之法去洞悉敵之動向以及採取應對方法，皆屬此類也。

故用間有五，有因間[①]，有內間，有反間，有死間，有生間。五間俱起，莫知其道[②]，是謂神紀[③]，人君之寶也[④]。因間者，因其鄉人而用之[⑤]。內間者，因其官人而用之[⑥]。反間者，因其敵間而用之[⑦]。死間者，爲誑事於外[⑧]，令吾間知之，而傳於敵間也[⑨]。生間者，反報也[⑩]。

【校注】

①因間：用敵國之鄉人作間諜。因，根據、依、憑藉。張預注："因敵國人知其底裏，就而用之，可使伺候（"伺"古意窺伺、偵察、守望）也。"（《史記·伍子胥列傳》云"嚭使人微伺之"，"伺"即偵察。

②五間俱起，莫知其道：有兩解，一解爲，五種間諜全部使用，敵人便難以推知我如何取得對方實情，從而決策致勝。杜牧注："五間俱起者，敵人不知其情泄形露之道。"梅堯臣注："五間俱起以間敵，而莫知我用之之道。"另一解，將"五間俱起"解爲五間循環使用。張預注："五間循環而用，人莫能測其理，兹乃神妙之綱紀，人君之重寶也。"本書從一解，二解備參。

③神紀：神妙莫測之道。神，神妙、深奧。紀，綱紀、理、辦法。梅堯臣注："神妙之綱紀，人君之所貴也。"《吕氏春秋·孟春紀》："無變天之道，無絶地之理，無亂人之紀。"義爲天、地、人均有其理。

④人君之寶也：君主的法寶。《竹簡》本"寶"作"葆"，二字古通。

⑤因間者，因其鄉人而用之：謂誘使敵國鄉人而利用之。《竹簡》本作"……鄉人而用者也"。

⑥因其官人而用之：句謂利用敵國官吏爲間諜。官人，指敵國官吏。此例甚多，如春秋時，吴越爭霸，越收買吴國之重臣伯嚭，使被囚之勾踐得吴王夫差之信任，提前返國，爲以後滅吴埋下伏筆；戰國時，秦趙爭雄，秦以重金收買趙王之寵臣郭開，散佈趙國大將李牧圖謀反趙之謡言，趙王信以爲真，將李牧斬首。梅堯臣注："因其官屬，結而用之。"趙注本："有賢而失職者，有過而被刑者，有寵嬖而貪財貨色者，有屈在下位而不得任使者，有欲因喪敗以求展己之才能者，有飛覆變詐、常持兩端者。此皆可以潛通問遺，厚貺金帛……間其君臣，乖其指道也。"《竹簡》本此句僅存"内間者因"四字。

⑦反間者，因其敵間而用之：言收買或利用敵方派來之間諜，使其爲

我所用。杜牧注：“敵有間來窺我，我必先知之，或厚賂誘之反爲我用，或佯爲不覺，示以僞情而縱之，則敵人之間反爲我用也。”此句《竹簡》本僅存一“反”字。

⑧死間者，爲誑事於外：一解，謂故意向外散佈虚假情況，假裝洩露機密，以欺騙、迷惑對方。事發後，我方間諜往往會被處死，故曰“死間”。誑，欺、惑之意。杜牧注：“誑者，詐也，言吾間在敵，未知事情，我則詐立事跡，令吾間憑其詐跡以輸誠於敵，而得敵信也；若我進取與詐跡不同，間者不能脱，則爲敵所殺，故曰死間也。二解，死間之“死”，非指死亡，乃不活動、不流動、固定之義。例證如《孫臏兵法·地葆》：“不留（流），死水也。”故推定處之“死間”乃指長期隱蔽於敵方之卧底。如作此解，則又與“誑事於外”不合。此説備參。

⑨令吾間知之，而傳於敵間也：讓我方間諜了解並故意洩露情況於敵方，使其上當。

⑩生間者，反報也：謂我間諜至敵方了解情況後，能生還報告者。反，古多借爲“返”，還也。張預注：“選智能之士，往視敵情，歸以報我。”趙注本：“多智慧，有才口，尚義氣，有此三者，可使往來遊説，覘察敵情……出入敵營，竊聽機事。”

　故三軍之親莫親於間①，賞莫厚於間，事莫密②於間。非聖智不能用間③，非仁義不能使間④，非微妙不能得間之實⑤。微哉微哉⑥！無所不用間也⑦。間事未發，而先聞者⑧，間與所告者皆死⑨。

【校注】

　①三軍之親，莫親於間：軍隊中没有比間諜更爲親信可靠的了。《十一家注》“三軍之親”作“三軍之事”，“親”作“事”，而《太平御覽》、《通典》、《竹簡》本均作“親”字。張預注：“三軍之士，然皆親

撫;獨於間者,以腹心相委,是爲最親密也。"趙注本:"不親不得其
心,不賞不得其命,不密不得其成。"

②密:秘密,機密。

③非聖智不能用間:謂若非賢能之人不能用間諜。張預注:"聖則事
無不通,智則洞照幾先,然後能爲間事。"

④非仁義不能使間:言若非仁慈誠懇,不惜財者,便不能調遣間諜。
王晳注:"仁結其心,義激其節,仁義使人,有何不可。"《竹簡》本
作"非仁不能使□",缺"義"字。

⑤非微妙不能得間之實:缺少精深細密的謀慮,便不能正確評斷間
諜所獲情報之真僞。微妙,精細奧妙。實,實情。杜佑注:"用意
密而不漏。"

⑥微哉微哉:微妙呀! 微妙呀! 微,精細、精密。哉,語氣詞,表讚歎
之極。梅堯臣注:"微之又微。"張預注:"密之又密。"

⑦無所不用間也:無所不可以用間諜呀!《竹簡》本作"毋所不用
間……",下缺,"無"、"毋"古通。

⑧間事未發,而先聞者:謂用間所謀之事尚未施行,卻已外洩。發,
施行。聞,傳播。

⑨間與所告者皆死:謂間諜與告知間諜秘密之人均需處死。梅堯臣
注:"殺間者惡其洩,殺告者滅其言。"此句與上句《竹簡》本僅存
"事未發聞間"五字。

　　凡軍之所欲擊,城之所欲攻,人之所欲殺,必先知其守
將、左右、謁者、門者、舍人①之姓名,令吾間必索知之②。必索
敵人之間來間我者③,因而利之④,導而舍之⑤,故反間可得而
用也⑥。因是而知之⑦,故鄉間、內間可得而使也。因是而知
之,故死間爲誑事,可使告敵。因是而知之,故生間可使如
期⑧。五間之事,主必知之,知之必在於反間,故反間不可不

厚也⑨。

【校注】

①守將、左右、謁者、門者、舍人：守將，主管將領。左右，守將左右之
親信。謁者，負責傳達通報之官員，一說指接待賓客事務的官員。
門者，守門之官吏。舍人，守將之門客幕僚。張預注："守將，守官
任職之將也；謁者，典賓客之官也；門者，閣（hūn）吏（指守門
人。——筆者）也；舍人，守舍之人也。"

②令吾間必索知之：務必令我方間諜偵察清楚。索知，通過探索掌
握情況。

③索敵人之間來間我者：謂搜索出敵方派來偵察我方軍情之間諜。
索，搜索、探察。

④利之：指以重金收買。杜佑注："遺以重利。"

⑤導而舍之：設法誘導之，交付其任務，後遣回。導，誘導。趙注本：
"厚賂以結之，示以僞情而縱之。"

⑥反間可得而用也：謂反間便可爲我所用。《竹簡》本僅存"用也"
二字。

⑦因是而知之：由此而便知，指通過反間了解敵軍內情。是，指示代
詞，代上面的"反間"，"因是"即"因此"。以下"是"皆同。陳皞
注："言敵使間來，以利啖之，誘令止舍，因得敵之情，因［鄉］間、
內間可使反間誘而使之。"梅堯臣注："其國人之可使者，其官人之
可用者，皆因反間而知之。"

⑧如期：按預定期限。

⑨故反間不可不厚也：謂對反間不可不以厚重之禮待之。厚，禮厚，
指高官厚祿。杜佑注："厚其祿，豐其財。"

　　昔殷①之興也，伊摯②在夏③；周④之興也，呂牙⑤在殷。故
惟明君賢將，能以上智⑥爲間者，必成大功，此兵之要，三軍之

所恃而動^⑦也。

【校注】

①殷：公元前十七世紀，商湯滅夏桀後所建之國家，建都亳（bó）（今河南商丘縣北），史稱商代；至公元前十三世紀，商王盤庚遷都至殷（今河南安陽小屯村），因而商亦稱殷。

②伊摯：即伊尹，原爲夏桀之臣，商湯以其爲相，滅夏桀，後伊尹又輔佐商君，立有奇功。《史記·殷本紀》謂，伊尹"名阿衡……或曰，伊尹處士。湯使人聘迎之，五反然後肯往從湯，言素王及九主之事。湯舉任以國政。伊尹去湯適夏。既醜有夏，復歸於亳。夏桀爲虐政淫荒……湯乃興師率諸侯，伊尹從湯……遂伐桀。……伊尹作《咸有一德》……作《伊訓》，作《肆命》，作《徂后》"。（《咸有一德》指説君臣都應有純一之品德；《肆命》意謂如何施行政教；《徂后》是詮釋湯之法度。——筆者）由於輔佐君主有功，世代受厚待。"昔殷之興也，伊摯在夏"，《竹簡》本此句僅存"在夏"二字。

③夏：夏啓所建立的王朝，建都安邑（今山西聞喜東南）、陽翟（今河南禹縣）等地。傳至桀，爲商湯所滅。

④周：公元前十一世紀，周武王滅商後建立的國家，建都鎬京（今陝西西安）。"周之興也，呂牙在殷"，《竹簡》本作"周之興也，呂牙在□"，此句在空缺數字後，尚留有"率師比在陘。燕之興也，蘇秦在齊"。蘇秦爲戰國時人，此數語或爲後人臆增，或因批注轉入正文。

⑤呂牙：即呂尚，又稱姜子牙、太公望。其受封於呂，故又稱呂牙，曾爲殷紂王之臣。周武王姬發伐紂時，以呂牙爲師，擊敗紂王。《史記·周本紀》"武王即位，太公望爲師"，即指此。

⑥上智：指智慧超群之人，即上文所説的聖智。

⑦所恃而動：指依靠間諜所提供的情報而採取行動。

【疏解】

《計篇》云"將者，智、信、仁、勇、嚴也"，《用間篇》又云"惟明君賢將，能以上智爲間者，必成大功"，兩次用"智"，足見孫子對"智"之重視。

智，即聰明、智慧，是人的靈性之一種表現。智者在面對某一難題時，往往會有認知、辨析、判斷、處理，甚至包涵某種頓悟之能力。

關於孫子所謂之"智"，各家解釋不一。有注者認爲指權變能力（杜牧曰："蓋智者，能機權，識變通也"），有注者則歸於"發謀"（梅堯臣曰："智能發謀"），又有注者認爲是指先見之明（王晳曰："智者先見而不惑。"何延錫曰："非智者不可以料敵應機"）。總之，長於深謀遠慮，又可通權達變，是"智"之基本涵義。

此外，也有另一説法，將孫子所説之"智"與"仁"分述，讚賞後者而貶抑前者，如注釋家杜牧持此見解，説："先王之道，以仁爲首；兵家者流，用智爲先。"杜牧此話是站在中國主流意識形態——儒家——立場而言的，其中，不免有揚儒抑兵之意。不過，該論斷並不合於實際，明顯的證據是本章裏孫子對伊尹與姜尚兩人的評價。

對這兩人，孫子均尊爲上智。此二人能明畫深圖，見微知著；又能運籌帷幄，決勝千里。但孫子同時肯定，他們又都心懷仁德。伊尹初爲夏臣，見夏桀無德，方棄夏從商；呂牙初爲商臣，見紂王無道，便棄商從周，皆因嚮往德政，故背"人"而從"道"。仁德對他們而言，並非與智相悖；相反，仁德與智慧完美地統一爲一體。可知，兵家還是重視仁德的。

參考書目

《孫子序》，（三國）曹操撰，見《曹操集》，中華書局 1974 年版。

《魏武帝注孫子》，清平津館刊顧千里摹本。

《宋本武經七書》，（宋）朱服、何去非校，上海涵芬樓 1935 年《續古逸叢書》影印本。

《宋本十一家注孫子》，中華書局 1961 年影印本。

《孫子注解》，上海涵芬樓景印《道藏》本。

《孫武子直解》，（明）劉寅撰，明成化二十二年刊本。

《新鐫武經七書》，（明）王陽明手批，明天啓元年刊本。

《孫子集注》，（明）談愷注，上海商務印書館《四部叢刊》景印本。

《孫子書校解引類》，（明）趙本學撰，美國國會圖書館藏明隆慶二年刊本。

《孫子參同》，（明）李贄撰，萬曆四十八年刊本。

《武備志》，（明）茅元儀撰，方勇主編《子部珍本叢刊·兵家類》據明天啓元年刊本影印本，綫裝書局 2012 年版。

《武經七書匯解》，（清）朱墉輯注，國英增訂，中州古籍出版社 1989 年影印本。

《孫子十家注》，（清）孫星衍校，天津古籍書店 1990 年據《岱南閣叢書》影印本。

《銀雀山漢簡釋文》，吳九龍著，文物出版社 1985 年版。

《銀雀山漢墓竹簡【壹】》，銀雀山漢墓竹簡整理小組編，文物出版社 1985 年版。

《銀雀山漢墓竹簡【貳】》，銀雀山漢墓竹簡整理小組編，文物出版社 2010 年版。

《孫子章句訓義》，錢基博著，《精忠柏石室叢書》1939 年版。

《孫子兵法新注》，軍事科學院戰爭理論研究部《孫子》注釋小組，中華書局 1977 年版。

《孫子譯注》，郭化若著，上海古籍出版社 1984 年版。

《孫子會箋》，楊丙安著，中州古籍出版社 1986 年版。

《孫子解故》，張文穆著，國防大學出版社 1987 年版。

《孫子校釋》，吳九龍主編，軍事科學出版社 1990 年版。

《孫子兵法新譯》，李興斌、楊玲著，齊魯書社 2001 年版。

《孫子譯注》，李零著，中華書局 2007 年版。

《孫子兵法之綜合研究》，李浴日著，商務印書館 1938 年版。

《孫子兵法大全》，魏汝霖著，臺灣"國防研究院"1970 年版。

《孫子新探——中外學者論孫子》，解放軍出版社 1990 年版。

《孫武和〈吳孫子〉》，馮友蘭著，見其《中國哲學史新編》第一卷第六章，人民出版社 1992 年版。

《〈孫子〉新論集粹——第二屆孫子兵法國際研討會論文選》，長征出版社 1992 年版。

《孫子探勝——第三屆孫子兵法國際研討會論文精選》，軍事科學出版社 1993 年版。

《孫子評傳》，黃樸民著，廣西教育出版社 1994 年版。

《孫子學文獻提要》，于汝波主編，軍事科學出版社 1994 年版。

《〈孫子兵法〉教本》，劉春志、劉思起著，國防大學出版社 1995

年版。

《孫子兵法——美國人的解讀》,〈美〉塞繆爾·格里菲斯著,育委譯,學苑出版社 2003 年版。

《孫子兵法新說》,吳如嵩著,解放軍出版社 2008 年版。

《孫子志》,謝祥皓主編,山東人民出版社 2009 年版。

《孫子學文存》,穆志超著,白山出版社 2010 年版。

《中外名戰與名帥——兼論東西方兵學文化意識》,張文儒著,當代中國出版社 1996 年版。

《中華兵學的魅力——中國兵學文化引論》,張文儒著,北京大學出版社 2008 年版。

後　記

在叢書主編袁行霈教授精心組織與指導，以及編輯組同仁的熱心幫助下，經我多年努力，四易其稿，這本新注終於可以與讀者見面了。

在探索中國兵學文化豐富內涵的過程中，我有幸接觸《孫子》一書達五十年。時間雖久，但自覺對書中所含的深邃寓意理解尚淺。本書所論及的一些見解，不過是千慮之一得。鄭友賢在《孫子遺說》裏曾說《孫子》一書是“求之而益深”、“叩之而不窮”，所言極是。因此，雖然本書即將出版，但我身上並沒有任何輕鬆的感覺。

對於《孫子》一書的評論、校解與注釋，自古迄今，多得不可勝數。我雖也有志於斯，但限於時間與精力，不能一一遍及。本書之成稿，是重點鑽研了《孫子》本書及《武經七書》中除《孫子》以外的六家所致，同時，也注意吸納了孫臏、曹操、諸葛亮等諸家的精闢見解。又則，我在研讀與比較《宋本十一家注孫子》與孫校本兩書之異同時，也參照並吸收了國內外有關文獻（詳見“參考書目”），引用了其中的一些觀點與資料，同時，又盡可能表明了我對這些資料的看法。凡此類內容，大都注明了出處，便於有志趣的讀者查閱。不過，由於篇幅所限，未能一一顧及。此處應說明的是：對於提供這些觀點與資料的學者，無論是先輩還是同輩，我均表示深切謝意。

本書在寫作過程中，得到《新編新注十三經》編輯組同仁的悉心關照，他們貢獻了許多中肯的意見與建議。我的同窗韓秋白教授曾通讀了本書初稿全文，提出過許多修改意見。徵求意見稿完成後，又得中國人民解放軍國防大學、中國人民解放軍軍事科學院和天津武警指揮學院多位資深學者的細心審閱，他們也提出了許多寶貴的意見與建議。這些學者是霍印章研究員、劉春志教授、劉慶教授、薛國安教授、喻江教授及李文慶教授。在本書付梓之際，我也向這幾位學者表示深切的謝意。

　　本書雖是我的傾力之作，然而錯誤與缺失在所難免，懇請學界同仁及廣大讀者惠予批評指正，本人將不勝感激。

張文儒

2011 年 5 月 19 日成稿於融域嘉園

2017 年 11 月修訂